COLLECTION
FOLIO / ACTUEL

Édouard Masurel

L'année 1991 dans *Le Monde*

Les principaux événements en France et à l'étranger

Préface d'André Fontaine

Gallimard/Le Monde

1991, L'ANNÉE DES ROIS NUS

Saddam Hussein a capitulé, mais *il est toujours en place. Boris Eltsine s'est débarrassé de l'URSS et de Gorbatchev*, mais *il se cache à peine de vouloir établir son hégémonie sur les dix Républiques ex-soviétiques qui essaient de maintenir avec la Russie un minimum de liens organiques. Il n'y a plus un seul gouvernement en Europe à se réclamer du marxisme-léninisme*, mais *son effondrement a laissé derrière lui des naufragés que leur désarroi expose aux pires tentations, y compris, comme c'est déjà le cas en Yougoslavie et au Caucase, celle de la guerre civile. Les douze de la CEE ont pris à Maastricht, sur la route de l'union politique et monétaire, des décisions qui se voulaient « historiques »*, mais *l'encre n'en était pas sèche que leurs contradictions apparaissaient une fois de plus au grand jour.*

Les deux Corées se sont officiellement réconciliées, mais *on se pose toujours des questions sur les intentions réelles de celle du Nord. Des accords de paix ont été conclus au Cambodge, en Amérique centrale, en Afrique australe ; la plupart des otages du Liban ont été libérés ; l'Assemblée générale des Nations unies a annulé sa résolution de 1975 assimilant le sionisme au racisme ; la guerre civile a pris fin en Éthiopie par l'effondrement du régime communiste, et Frederik De Klerk a courageuse-*

ment proclamé la mort de l'apartheid, mais on ne compte pas, sous les tropiques, les pays où l'on se bat encore. L'Algérie a, pour la première fois de son histoire, voté librement, mais la forte poussée des fondamentalistes soulève bien des interrogations pour l'avenir. On a vu, au sud du Sahara, plusieurs despotes renversés par la force, et d'autres, pour la première fois dans cette partie du monde, s'incliner devant le verdict des urnes, mais Mobutu n'est pas seul à perpétuer le règne de la ploutocratie et de l'arbitraire. Enfin, l'ouverture à Madrid, sous les auspices conjoints des États-Unis et d'une Union soviétique qui n'avait plus rien à leur refuser, de la négociation tant attendue entre Israël et ses voisins arabes ne saurait faire oublier ni la complexité de la tâche ni la manière dont la Syrie a mis la main sur le Liban.

C'est dire qu'on était assez loin en fin d'année de ce « nouvel ordre international » dont George Bush avait cru, au lendemain de la guerre du Golfe, pouvoir présenter l'avènement comme acquis, mais sur lequel il se garde bien désormais d'insister. La reprise économique tant attendue tardant à venir, la guerre des tarifs commerciaux et des taux d'intérêt rebondissant de part et d'autre de l'Atlantique et du Pacifique, ses concitoyens étaient d'ailleurs de plus en plus nombreux à lui demander de vouloir bien s'occuper un peu moins des Kurdes et un peu plus de leurs propres intérêts.

L'IRAK A TERRE

Un mot revenait souvent, en cette fin de 1991, sous la plume des éditorialistes américains : hangover (« la gueule de bois »). Après l'anxiété qu'avait soulevée en début d'année l'imminence des hostilités dans le Golfe, la prompte victoire, une fois déclenchée la bataille terrestre, des armées coalisées contre l'Irak avait provoqué non seulement un formidable soulagement, mais un enthousiasme quasi général, portant la cote de popularité de George Bush à un sommet jamais atteint. Qu'elle ait spectaculairement baissé depuis, du fait de la récession économique, ne saurait faire oublier l'ampleur des bouleversements qu'a entraînés la défaite du maître de Bagdad.

L'Amérique a effacé l'humiliation du Vietnam, de l'Iran, de l'Afghanistan : le roi Saddam Hussein est nu. Il n'a réussi ni à mobiliser les masses arabes derrière lui, ni à entraîner Israël dans le conflit, ni à empêcher les colonnes alliées de bousculer, sans que le moindre avion s'oppose à leur progression, une armée dont on avait un peu vite proclamé qu'elle était la quatrième du monde. Après avoir déclaré urbi et orbi que jamais il ne renoncerait au Koweït, devenu « pour toujours », la « dix-neuvième province de l'Irak », après avoir écarté toutes les perches tendues par les Nations unies, par l'URSS ou par la France, après avoir agité la menace d'un recours aux armes chimiques ou bactériennes, il lui a bien fallu accepter, le 28 février, la totalité des conditions posées par les Nations unies : les pertes de son armée se chiffraient par dizaines de milliers, contre moins de cinq cents à la coalition alliée, le potentiel économique était très largement détruit, et les formations adverses avaient déjà avancé profondément à l'intérieur de l'Irak.

Logiquement, un tel désastre aurait dû entraîner sa démission rapide. Ou, à défaut, son éviction. George Bush n'avait-il pas publiquement invité les sujets du « dictateur », le 15 février, à « prendre les choses en main » et à « l'obliger à céder la place » ? Les chefs de l'opposition irakienne, réunis quelques jours plus tard à Damas, avaient repris cet appel à leur compte. Du coup, les chiites du sud-est du pays s'étaient aussitôt soulevés. Les États-Unis n'allaient pourtant pas lever le petit doigt pour leur venir en aide, laissant les forces de Saddam les massacrer sans vergogne.

Aucune explication officielle n'a été donnée de cette attitude pour le moins déconcertante. Mais la raison paraît simple : à tant faire, les monarchies du Golfe préféraient voir régner à Bagdad un Saddam affaibli plutôt qu'un chiite dévoué aux intérêts d'un Iran dont elles se méfiaient toujours autant. Il aura fallu que la tragédie se répète et s'amplifie chez les Kurdes, qui avaient eux aussi naïvement cru dans la valeur des promesses américaines, pour que l'émotion de l'opinion internationale, relayée par les gouvernements français et britannique, contraigne Washington à reconnaître l'existence d'un « devoir d'ingérence » et à envoyer des troupes sur place pour arrêter la répression. Depuis, Saddam a dû, de fort mauvaise grâce, se plier à plusieurs reprises aux injonctions des Nations unies, notamment lorsqu'il s'est agi de laisser leurs inspecteurs s'assurer sur place que la fabrication d'armes nucléaires ou chimiques était bien arrêtée. Le moins qu'on puisse dire est qu'il lui faudra beaucoup de temps avant d'être en mesure de contrecarrer à nouveau les ambitions des États-Unis au Proche-Orient.

ARABES ET ISRAÉLIENS FACE A FACE

Ces ambitions ne sont pas nouvelles : il s'agit toujours de mettre fin, par un règlement général, au cycle infernal des guerres qui, depuis 1947, ont si souvent ensanglanté la région. De ce point de vue, la mise hors de combat de Saddam Hussein représente un atout majeur, dans la mesure où il n'avait cessé de manifester l'hostilité la plus violente à l'égard d'Israël. Non seulement l'OLP a perdu ainsi son meilleur soutien, mais les monarchies du Golfe lui ont coupé les vivres pour la punir d'avoir pris le parti de Bagdad contre le Koweït.

Le revirement de l'URSS a fait le reste. Elle n'avait cessé d'appuyer les régimes arabes les plus durs : tout au long de la crise du Golfe, et à la grande surprise de Saddam, elle s'est alignée sur la position américaine. Elle n'a pas hésité à copatronner avec les États-Unis la conférence israélo-arabe de Madrid. Mais son effacement a eu une autre conséquence : l'État hébreu a beaucoup perdu, pour Washington, de l'intérêt stratégique qu'il présentait aux beaux temps de la guerre froide. Or il est à la recherche des 10 milliards de dollars nécessaires pour installer les centaines de milliers de juifs que Moscou laisse dorénavant émigrer à leur guise.

C'est dire que les Américains disposent désormais de certains moyens de pression sur Jérusalem. A défaut, on peut douter qu'Itzhak Shamir se serait laissé persuader de venir à Madrid. Mais il n'est pas homme à céder autrement que pied à pied, et il compte bien utiliser à fond, en cette année 1992 où George Bush va solliciter le renouvellement de son mandat, la puissance du lobby sioniste d'outre-Atlantique.

C'est dire que, dans la meilleure hypothèse, il faudra du temps pour trouver une solution au problème palestinien, comme d'ailleurs au problème kurde, dont la Turquie admet maintenant, même s'il se pose chez elle en termes très différents, qu'il n'est pas limité à l'Irak.

LE LIBAN SOUS LA HOULETTE SYRIENNE

En fait, une seule question a été réglée dans cette partie du monde, et encore à des conditions dont nul n'a lieu d'être fier : on veut parler du Liban. Élu l'année précédente sous la protection des services de renseignement de Damas, son président, Elias Hraoui, n'a pas hésité à faire appel à l'armée syrienne pour qu'elle le débarrasse du général Aoun, qui s'obstinait, à la tête d'une petite armée, à défier son « pouvoir ».

On ne pouvait compter pour s'y opposer sur les États-Unis, trop heureux que la Syrie de Hafez El Assad, irréductible adversaire de Saddam Hussein, se soit rangée de leur côté pendant la guerre du Golfe. Quant à la France, tout ce qu'elle a pu faire cette fois a été, lorsque Aoun eut reconnu son échec, de l'accueillir, d'abord dans son ambassade à Beyrouth, puis à Marseille. La guerre civile qui avait duré quinze ans est maintenant terminée. Mais Hraoui a accepté de signer avec la Syrie un traité qui consacre le passage du Liban sous son protectorat.

LA FIN DE L'URSS ET DE GORBATCHEV

Roi nu, vient-on de dire de Saddam. La même expression vient à l'esprit à propos de Gorbatchev, dont la démission, le jour de Noël, n'a surpris personne, tant son pouvoir, au fil des mois, s'était effiloché... C'est en vain que, pour faire échec à Boris Eltsine, dont il avait antérieurement dénoncé « le manque de maturité politique (...), la démagogie (...), la vanité démesurée », il s'était appuyé en début d'année sur les conservateurs, allant jusqu'à commettre l'imprudence de faire entrer en force au gouvernement les futurs putschistes. Malgré tous les efforts de celui qui aura été le dernier secrétaire général du parti, le dernier successeur de Lénine, Eltsine, qui n'avait pas hésité en février à demander sa « démission immédiate », a réussi le mois suivant à imposer l'élection du président de la Russie au suffrage universel. Le 12 juin, il s'est fait plébisciter à ce poste par 57 % des votants, 17 % seulement allant au candidat du parti.

Que pouvait contre un tel rival un Gorbatchev qui n'avait jamais osé se soumettre à l'arbitrage du peuple souverain ? Il ne lui restait plus qu'à se résigner à s'entendre avec lui pour essayer d'éviter cette catastrophe que serait à ses yeux un éclatement de l'Union soviétique.

En s'appuyant sur les résultats du référendum du 17 mars, qui avait donné une majorité de 80 % aux partisans du maintien de l'Union — mais les États baltes, la Moldavie, l'Arménie et la Géorgie s'étaient tenus à l'écart —, il s'attacha à négocier un traité de l'Union destiné à définir les liens entre les différentes Républiques déterminées à être désormais « souveraines ».

Il était à la veille de le signer, mais seulement avec la Russie, le Kazakhstan et l'Ouzbékistan, lorsque, le 18 août, une demi-douzaine de ministres et de généraux nostalgiques, dont les chefs du KGB, prirent prétexte de son prétendu mauvais état de santé pour annoncer sa destitution, alors qu'il se reposait en Crimée, et son remplacement par le vice-président Ianaev. Est-ce l'annonce de la signature du traité qui a précipité le putsch ? Ou bien la décision du comité central, à la fin juillet, de proposer au congrès du parti, comme le demandait Gorbatchev, l'abandon du dogme de la lutte des classes, une idéologie social-démocrate devant se substituer au marxisme-léninisme ? On en débattra sans doute longtemps. Toujours est-il que les conjurés, dont la proclamation ne contenait pas la moindre référence au socialisme ou au parti, mais seulement à la « patrie en danger », avaient bien mal préparé leur coup.

On gardera, de ces journées décisives pour l'Histoire du monde, l'image des milliers de Moscovites décidés à empêcher la progression des blindés destinés à prendre le contrôle de la capitale, celle de tankistes qui n'avaient manifestement aucune envie de tirer sur la foule, et surtout le contraste entre les mains tremblantes de Ianaev, au cours de la conférence de presse du nouveau « pouvoir », et la mâle assurance d'Eltsine debout sur un char.

Le résultat de cette lamentable équipée aura été l'accélération de ce même processus que les putschistes cherchaient à enrayer. Le Parti communiste, dont Eltsine avait interdit les activités en Russie, est dissous et ses biens sont confisqués. Il n'est plus question de s'opposer à l'indépendance des Républiques baltes ou caucasiennes, dont l'exemple, vite contagieux, a été suivi par l'Ukraine le 1er décembre. En lieu et place du traité de l'Union, dont elle ne veut pas entendre parler, est créée à son initiative une Communauté des États indépendants à laquelle se rallient, à la seule exception de la Géorgie, en pleine guerre civile, et des pays baltes, toutes les autres Républiques de l'ex-URSS. Celles d'entre elles qui ont des armes nucléaires sur leur territoire auront un droit de regard sur leur emploi, étant entendu que seul le président russe aura un doigt sur le « bouton ».

L'avenir dira si et comment, face à la débâcle économique dans laquelle s'enfoncent les États membres de la nouvelle Communauté, ils trouveront un moyen d'arbitrer leurs inévitables différends. En tout cas, il n'existait pas de poste pour Gorbatchev dans cette nouvelle configuration, et il a démissionné de ses fonctions, certes contraint et forcé, le 25 décembre, avec beaucoup de dignité, non sans exprimer quelques doutes, largement partagés à l'étranger, sur la viabilité de la CEI. Ce ne sont pas les décisions contradictoires prises à quelques jours de distance par la direction russe quant au rôle des contingents soviétiques établis dans les régions disputées du Caucase qui suffiront à les apaiser.

LE DRAME YOUGOSLAVE

Quelle que soit leur gravité cependant, les troubles qui agitent l'ex-Union soviétique sont loin d'atteindre pour le moment celle du drame qui, depuis le mois de juin, ensanglante ce qu'il faudra bientôt appeler l'ex-Yougoslavie. Si, après quelques jours de combat, les troupes fédérales se sont résignées à évacuer une Slovénie qui

avait massivement proclamé son indépendance, c'est
parce que son peuple est à tous égards remarquablement
homogène. La situation est toute différente en Croatie où
les Serbes représentent quelque 12 % de la population et
sont regroupés dans des régions voisines de la Serbie.
Histoire, religion, idéologie, tout nourrit malheureuse-
ment l'antagonisme devenu viscéral de deux peuples qui
ne se font aucune confiance l'un à l'autre.

Chacun, dans leur divorce, a une part de responsabilité
qu'il rejette. Les Croates nient avoir commis la moindre
exaction à l'égard des Serbes, et ceux-ci les accusent
d'avoir tiré les premiers. Les autorités de Belgrade cher-
chent manifestement à incorporer par la force, à une
grande Serbie ou à une petite Yougoslavie, la totalité des
territoires où vivent des Serbes, oubliant le peu de cas que,
dans les deux régions « autonomes » sous leur contrôle,
elles font des Albanais, fortement majoritaires au Kosovo,
et des Hongrois, qui représentent 40 % de la population
de la Voïvodine.

Entre des peuples aussi persuadés de leur bon droit les
tentatives de médiation sont vouées à l'échec, comme ont
pu s'en convaincre tour à tour les envoyés de la CSCE, de
la CEE et des Nations unies. N'ont atteint plus ou moins
leur but que des missions humanitaires, comme celle
dont Bernard Kouchner a pris l'initiative, ou la négociation de trêves locales à portée très limitée. Plus grave, les
Douze, qui avaient affirmé à Maastricht, au début
décembre, leur volonté de parvenir à une politique étran-
gère commune, ont agi en ordre dispersé, l'Allemagne
s'empressant de reconnaître l'indépendance des Républiques sécessionnistes sans attendre que celles-ci aient
clairement manifesté leur intention de remplir les conditions posées par les ministres des affaires étrangères de la
Communauté.

Cette décision répond indiscutablement à l'attente de
l'opinion d'outre-Rhin. C'est une simplification abusive

de l'expliquer essentiellement par la nostalgie du temps des Habsbourg ou du Drang nach Osten, *de la poussée vers l'est chère au Reich wilhelminien. Des millions d'Allemands ont gardé le meilleur souvenir de leurs vacances dalmates, et les* Gastarbeiter, *les travailleurs immigrés croates ou slovènes, sont nombreux dans les villes de la République fédérale à dénoncer l'agression serbe. Il n'est au demeurant pas contestable que Belgrade essaie de modifier sa frontière par la force et que, si elle y parvient, elle aura créé un bien fâcheux précédent. Il n'empêche que, venant après une réunification menée tambour battant sans trop se soucier de l'avis des grands alliés, le gouvernement Kohl a montré là les limites de l'engagement européen, qu'il n'avait pas de mots trop forts, à Maastricht, pour défendre.*

L'ALLEMAGNE N'EST PLUS UN « NAIN POLITIQUE »

Venant sur ces entrefaites, la décision de la Bundesbank de relever les taux d'intérêt n'a pu que donner des arguments à ceux qui redoutent de voir notre voisine retourner à ses rêves de domination passés. Là aussi, bien sûr, les explications rassurantes ne manquent pas : outre que la Banque centrale allemande, contrairement à ce qui se passe dans d'autres pays, est constitutionnellement indépendante du pouvoir, c'est un fait que le coût très élevé de la réunification a généré une poussée inflationniste très supérieure à ce que peut supporter une opinion qui n'a pas oublié la banqueroute des deux après-guerres.

Il n'empêche : le temps où l'on pouvait parler de l'Allemagne comme d'un « nain politique » est révolu, et il est plus que temps, si l'on veut se prémunir contre un renouveau des querelles intra-européennes, d'aller de l'avant dans la construction des deux unions politique et monétaire sur les principes desquelles on s'est entendu à Maastricht. C'est en tout cas la volonté de la France et de l'Allemagne qui, pour bien la manifester, ont décidé de créer un corps d'armée commun, autour duquel devrait s'édifier une véritable défense européenne.

Dire que cette annonce ait suscité partout un égal enthousiasme serait très excessif. A Washington comme à Londres, on considère toujours que c'est à l'OTAN qu'il appartient de fournir le cadre essentiel de la défense commune, et plusieurs pays de l'Est européen, rendus à eux-mêmes par la disparition du pacte de Varsovie, ont manifesté le désir de s'y joindre, ou tout au moins de conclure, comme on l'a proposé à Bruxelles, des accords d'association. Il n'est pas jusqu'à la Russie de Boris Eltsine qui ne se soit déclarée candidate. Disons que la nécessité est évidente de structurer au mieux une partie du continent où les nationalités sont trop imbriquées pour ne pas faire redouter une contagion du drame yougoslave, en un temps où le passage obligatoire à l'économie de marché accumule les rancœurs, les déceptions, les difficultés de tous ordres.

Aussi bien ce qui est vrai dans le domaine de la sécurité ne l'est-il pas moins sur le plan économique : l'élargissement de la CEE est à l'ordre du jour, la question étant de savoir si, et à quelles conditions, il serait possible sans que sa cohésion s'y dilue par trop. De la Suède à la Turquie, en passant par la Tchécoslovaquie, la Suisse et l'Autriche, on ne compte plus en tout cas le nombre des impétrants, déclarés ou virtuels. Tant il est vrai que l'intégration à un ensemble institutionnel qui a fait ses preuves paraît constituer le meilleur remède à la désintégration provoquée par l'effacement du gendarme soviétique.

LE NOUVEAU RISQUE NUCLÉAIRE

De cette désintégration, l'aspect le plus préoccupant pourrait bien être celui qui a trait au nucléaire. Le mauvais état d'un certain nombre de réacteurs dispersés du fin fond de la Russie à la Bulgarie, et qu'on n'ose arrêter de crainte d'aggraver encore la pénurie et donc le coût de l'énergie, fait planer le risque de nouveaux Tchernobyl. Rien ne garantit, contrairement à ce qu'ont juré d'une même voix Gorbatchev et Eltsine, qu'un certain nombre d'armes atomiques tactiques n'échapperont pas au contrôle du gouvernement russe, pour tomber dans les mains de trafiquants ou de maîtres chanteurs gouvernementaux ou mafieux. Ni que certains techniciens de l'ex-URSS, que la conjoncture réduit quasiment à la misère, hésiteront à se mettre au service de potentats désireux de se doter de la fameuse bombe. Saddam Hussein a bien réussi après tout à s'en procurer les éléments auprès d'un certain nombre de sociétés occidentales ; la Chine, de son côté, ne semble pas trop regardante dès lors qu'elle peut y trouver son profit.

Au-delà de ce risque, on ne saurait oublier celui que Giorgi Arbatov, très proche collaborateur de Gorbatchev, avait évoqué en 1988 dans une interview destinée aux Américains : « Nous allons vous faire un terrible cadeau, *leur avait-il dit,* nous allons vous priver d'ennemi. » *Ainsi Renan avait-il évoqué, au lendemain de la guerre de 1870,* « le jour où l'humanité deviendrait un grand empire romain pacifié et n'ayant plus d'ennemis extérieurs ». *Ce serait alors, poursuivait-il, que* « la moralité et l'intelligence courraient les plus grands dangers ».

L'état des sociétés occidentales ne justifie que trop cet avertissement. Du sida au chômage, à la drogue, de la faim à la pollution de l'environnement, ce ne sont pourtant pas les menaces qui manquent à l'horizon du village planétaire. Mais la plupart des peuples préfèrent vivre à l'ombre de leur clocher sans s'occuper, sauf lorsque vraiment la coupe déborde — mais alors il est le plus souvent trop tard —, des malheurs des autres.

Ils répondront bien sûr qu'en ces temps de morosité générale, ils ont déjà trop à faire avec les leurs propres. Aussi bien est-ce un peu partout que les indices de popularité des dirigeants sont en forte baisse. Quand ils ne sont pas, comme en France, en chute libre. Ici aussi, le contraste est saisissant entre l'euphorie qui a suivi la fin de la guerre du Golfe et la sinistrose où, pour reprendre l'expression consacrée, baignait en fin d'année la vie économique et politique.

LA FRANCE MOROSE

La croissance inexorable du chômage, imputable pour une bonne part à la récession mondiale, y est évidemment pour beaucoup, mais aussi le sentiment répandu qu'après dix ans à l'Élysée le président de la République a un peu épuisé les trésors de son sac à malices.

Ni l'appel inattendu à Édith Cresson pour remplacer Michel Rocard à la tête du gouvernement, ni l'annonce tardive d'une révision de la Constitution et de la loi électorale, ni l'accent mis sur l'Europe, ni la soudaine réconciliation des différents « courants » du Parti socia-liste, ni les divisions d'une droite incapable de s'entendre sur le nom d'un candidat à la présidence n'auront fait remonter la cote d'un homme qui est devenu, mis à part Deng, Fidel et Kim Il-sung, le doyen d'ancienneté des principaux chefs d'États de la planète et qui subit en plein le phénomène classique de l'usure du pouvoir. D'autant plus que la participation de la France à la guerre du Golfe, présentée à l'époque comme indispensable à la *tenue de son « rang », ne lui a pas permis pour autant de jouer le moindre rôle dans la négociation israélo-arabe qui s'amorce, et que la réaction initiale de l'Élysée au putsch de Moscou a été plutôt fâcheuse.*

C'est le lot des hommes politiques que de passer ainsi de la popularité à l'adversité. L'usure du pouvoir n'est d'ailleurs pas confinée, tant s'en faut, à la France : de la Belgique au Japon, en passant par l'Algérie et l'Afrique, on ne compte pas le nombre de pays où, sous la pression ici des électeurs, ailleurs des scandales, ailleurs encore de la rue, le roi s'est retrouvé nu ou presque et a dû céder la place ou se préparer à le faire.

L'imminence du déclenchement des hostilités contre l'Irak avait marqué les premiers jours de 1991 du signe de l'inquiétude. Les grands espoirs soulevés par le retour de la paix ayant été vite déçus, c'est l'inquiétude encore qui en marque la fin. Soyons sûrs qu'il en ira de même à la fin de 1992 si les grands de ce monde ne parviennent pas, d'ici là, à insuffler à leurs concitoyens des ambitions à la dimension des formidables défis qui, en cette fin de siècle et de millénaire, assaillent l'humanité tout entière.

André Fontaine

Janvier

- Opération « Tempête du désert »

- Des Scud sur Tel-Aviv

- M. Chevènement démissionne

- Des paras soviétiques contre les Baltes

- Le président somalien Syaad Barre chassé du pouvoir

- La réforme de l'orthographe n'aura pas lieu

France

2 * Mort d'Edmond Jabès, poète et écrivain (4).**

3 Alors que l'opposition de droite critique très vivement la politique du gouvernement pour la Corse après les deux assassinats commis fin décembre, un conseil restreint, réuni à l'Élysée, décide d' « *affirmer davantage encore l'autorité de l'État* » dans l'île en y renforçant l'action de la justice et de la police. Dans la nuit du 2 au 3, lors de la première « nuit bleue » depuis la trêve annoncée le 31 mai 1988 par le FLNC, six opérations de commando ont été menées contre des cibles immobilières touristiques. Ces attentats sont revendiqués par la tendance « dure » du FLNC, alors que, le 8, l'autre tendance, plus « modérée », annonce un « *gel total* » temporaire de ses actions « *militaires* » (du 2 au 12, 27-28 et 30).

11 Mort du professeur Charles Dubost, pionnier de la chirurgie cardio-vasculaire (15).

* Les chiffres en début de paragraphe indiquent la date de l'événement.
** Les chiffres entre parenthèses indiquent la date du *Monde* dans lequel les articles ont paru.

16   Le conseil des ministres approuve un projet de loi réformant la dotation globale de fonctionnement (DGF), que l'État verse aux communes, afin d'établir une solidarité financière entre villes riches et villes pauvres. Les mesures particulières prévues pour l'Île-de-France, qui amputeraient les ressources de Paris de 560 millions de francs en 1991, suscitent les protestations de M. Chirac (12, 17, 18, 19, 23, et 27-28).

16   Le conseil des ministres approuve un décret sur le « pantouflage », afin de réglementer le passage des fonctionnaires de l'État dans le secteur privé (23-24/XII, 9, 18 et 19/I).

17   L'Académie française recommande de ne pas imposer les réformes de l'orthographe qu'elle avait d'abord approuvées, mais qui ont suscité fin 1990 de nombreuses protestations (6-7, du 9 au 12, 17, 19, 23 et 27-28).

17   M. Louis Besson, ministre de l'équipement, annonce le tracé retenu pour le futur TGV-Méditerranée entre Valence et Marseille, mais diffère sa décision pour le tracé vers Nice (5, 15, 18 et 30).

19   Mort de Jean Mantelet, fondateur de Moulinex, qui est devenu, le 8, le numéro un européen du petit électroménager en rachetant l'allemand Krups (10, 22 et 23).

20   Mort de Louis Seigner, acteur (22).

22   Le déficit du commerce extérieur a atteint 10 milliards de francs en décembre et 50 milliards en 1990, contre 44 milliards en 1989 (24).

25   Le nombre de chômeurs a diminué de 0,2 % en décembre : il s'élevait alors à 2 529 600, en hausse de 1 % en un an (26 et 27-28).

27   Lors du premier tour des trois élections législatives partielles organisées après la démission, le 6 décembre, de M. Noir, puis de Mᵐᵉ Barzach et de M. Dubernard, l'abstention atteint près de 60 % à Paris et près de 70 % à Lyon. Au second tour, le 3 février, MM. Noir et Dubernard (ex-RPR) l'emportent à Lyon, alors qu'à Paris Mme Barzach, devancée, s'étant retirée, le candidat RPR, M. Galy-Dejean, est élu (du 6 au 15, du 23 au 26, 29 et 30/I, 1er, 2 et 5/II).

28 M. Bernard Tapie, suspendu pour un an de ses fonctions de président de l'Olympique de Marseille pour « *manquement grave à la morale sportive* », menace de quitter le football et dénonce un complot politique (29 et 30/I, 1er et du 5 au 8/II).

30 La baisse des prix de 0,1 % en décembre permet de limiter à 3,4 % la hausse pour 1990 (16/I et 1er/II).

31 Création française à l'Opéra-Bastille d'*Un re in ascolto* de Luciano Berio (5/II).

31 Michel Serres, reçu à l'Académie française par Bertrand Poirot-Delpech, prononce l'éloge d'Edgar Faure (du 1er au 4/II). ■

Étranger

1er POLOGNE : La Diète approuve la nomination de M. Jan Krzysztof Bielecki, économiste libéral que le président Walesa a désigné au poste de premier ministre le 29 décembre. Le 5, M. Bielecki forme son gouvernement qui est investi, le 12, par la Diète (1er, 2, 4, 5, 8, 11 et 15).

6 ÉTATS - UNIS : La Banque de Nouvelle-Angleterre, un des principaux établissements du Nord-Est, est placée sous le contrôle de la FDIC, l'organisme fédéral de garantie des dépôts bancaires, alors que la situation de nombreuses autres banques se dégrade en raison du marasme de l'immobilier et de la baisse de l'activité (14 et 18/XII, 4, 6-7, 8, 9 et 30/I).

6 GUATEMALA : Au deuxième tour de l'élection présidentielle, M. Jorge Serrano, candidat populiste de centre droit et membre d'un mouvement fondamentaliste protestant, est élu avec 68 % des suffrages. M. Serrano, qui succède le 14 au président Vinicio Cerezo (démocrate-chrétien), forme un gouvernement d'union nationale (5, 8 et 17/I, 1er/II).

6 HAÏTI : M. Roger Lafontant, ancien chef des « tontons macoutes », tente de prendre le pouvoir. L'armée et la population s'y opposent. Des dizaines d'anciens « macoutes » sont lynchés par la foule (du 8 au 11, 15 et du 27 au 31).

8 ÉTATS-UNIS : Pan Am se place sous la protection de la loi sur les faillites, alors que la plupart des compagnies aériennes américaines sont en difficulté en raison de la hausse des prix du carburant et de la diminution du nombre des passagers dues à la crise du Golfe (10, 12, 20-21, 26 et 27-28).

8 BELGIQUE : Quatre otages belges du groupe d'Abou Nidal, anciens compagnons de détention de Mme Jacqueline Valente, libérée en avril 1990, sont échangés contre un terroriste palestinien, auteur en juillet 1980 d'un attentat contre des enfants juifs à Anvers (du 9 au 15, 23 et 27-28/I, 3-4/II).

13 PORTUGAL : A l'élection présidentielle, M. Mario Soares, chef de l'État depuis 1986, est réélu dès le premier tour avec 70,4 % des suffrages (12 et 15).

14 TUNISIE : Trois dirigeants de l'OLP, dont Abou Iyad, numéro deux de l'organisation palestinienne, sont assassinés à Carthage par un transfuge du groupe dissident d'Abou Nidal (du 16 au 19).

16 ALBANIE : M. Ramiz Alia accepte le report des élections du 10 février au 31 mars, à la demande des partis d'opposition qui viennent de se créer, tandis que se poursuit l'exode des Albanais de souche grecque : plus de dix mille se sont réfugiés en Grèce depuis le 30 décembre (du 1er au 10, 12, du 15 au 18, 25 et 31/I, 2/II).

17 NORVÈGE : Mort d'Olav V, roi de Norvège depuis 1957 (19/I et 1er/II).

21 DETTES : Les représentants du groupe des sept principaux pays industrialisés, réunis à New-York, conviennent de réduire de plus d'un tiers les dettes publiques de l'Égypte et de la Pologne (du 20 au 24).

21-22 MALI : Des émeutes font plusieurs morts à Bamako après l'interdiction de plusieurs associations favorables au multipartisme (24, 25, 29 et 31/I, 2/II).

25 ÉTATS-UNIS : L'annonce d'une baisse de 2,1 % (rectifiée à 1,6 % fin mars) du PNB au quatrième trimestre 1990 confirme la récession de l'économie américaine. La progression du PNB pour l'ensemble de 1990, évaluée à 0,9 %, est la plus faible depuis 1982 (3, 4, 6-7, 20-21, 25, 27-28 et 31/I, 29/III).

26 CHINE : D'anciens dirigeants du « printemps de Pékin » en 1989 sont condamnés à des peines relativement légères, Pékin étant contraint de tenir compte de la pression internationale (8, 10, 11, 15, 18, 23, 24, 27-28 et 29).

27 SOMALIE : Le général Syaad Barre est chassé du pouvoir, qu'il occupait depuis octobre 1969, par les forces rebelles, après quatre semaines de violents combats qui ont dévasté la capitale, Mogadiscio. Alors que l'insécurité persiste, un chef de l'État est nommé, le 29, par un des trois principaux mouvements rebelles, mais les deux autres refusent de le reconnaître (6, 26, 27 et 30-31/XII, du 2 au 16, 23, 25 et du 27/I au 2/II).

29 JAPON : Mort de l'écrivain Yasushi Inoue (31).

31 ALLEMAGNE : La Banque fédérale relève son taux d'escompte de 6 % à 6,5 % pour lutter contre les risques d'inflation et le danger d'un financement monétaire du coût de la réunification, alors que le groupe des sept principaux pays industrialisés recommandait, le 21, d'abaisser les taux d'intérêt afin d'éviter une récession mondiale (23/I et du 1er au 5/II). ▪

VIRAGE CONSERVATEUR
EN URSS

Le 7, des unités de parachutistes sont envoyées dans les Républiques baltes. Moscou affirme qu'elles doivent faire appliquer la conscription des appelés qui refusent de servir dans l'armée soviétique. Les jours suivants, les militaires chassent les nationalistes de plusieurs bâtiments publics à Vilnius, capitale de la Lituanie.

Le 13, un groupe d'assaut de parachutistes attaque les installations de la télévision à Vilnius, tandis qu'un « Comité de salut national », formé par des officiers et les dirigeants les plus conservateurs du PC lituanien, affirme qu'il prend le pouvoir. La foule désarmée tente de s'opposer à cette action, et quatorze Lituaniens sont tués.

Moscou nie avoir donné l'ordre de tirer, mais M. Gorbatchev justifie cette intervention, dont il n'aurait eu connaissance qu'*a posteriori* et qui a suscité une large réprobation internationale. Les dirigeants nationalistes des trois pays baltes se retranchent dans leurs Parlements qui sont protégés par la foule ainsi que par des tranchées et des barricades.

Le 14, le Soviet suprême approuve la nomination comme premier ministre de M. Valentin Pavlov, qui était ministre des finances, puis, le 15, celle de M. Alexandre Bessmertnykh, ambassadeur d'URSS aux États-Unis, comme ministre des affaires étrangères.

Le 20, l'assaut d'un commando des forces spéciales soviétiques contre le ministère de l'intérieur de Riga (Lettonie) fait quatre morts. Auparavant, 300 000 personnes avaient manifesté à Moscou pour protester contre la tentative de coup de force en Lituanie.

Le 22, M. Gorbatchev tente d'apaiser la tension dans les pays baltes et de rassurer les Occidentaux qui commençaient à envisager des mesures de rétorsion contre l'URSS. Il rejette toute responsabilité dans les événements sanglants de Vilnius et de Riga et présente ses condoléances aux familles des victimes.

Le 22, un décret présidentiel retirant de la circulation les billets de 50 et de 100 roubles est publié : il provoque la panique chez les petits épargnants.

Le 26, le KGB est autorisé par décret à perquisitionner dans les entreprises et à vérifier leurs stocks, leur comptabilité, leurs comptes bancaires pour lutter contre le marché noir et l'économie souterraine.

Le 29, un décret de M. Gorbatchev confirme une directive ministérielle du 29 décembre instituant des patrouilles conjointes de la milice et de l'armée dans les grandes villes à partir du 1er février.

Le 31, le comité central du PC, réuni à Moscou en présence des commandants des régions militaires, appelle au « *rétablissement de l'ordre constitutionnel* » dans toutes les Républiques (du 4/I au 5/II). ∎

La guerre du Golfe

Le 3, le président George Bush fait une dernière offre de dialogue direct à l'Irak, à l'approche de la date du 15 janvier, au-delà de laquelle l'ONU a autorisé l'usage de la force pour obtenir le retrait du Koweït des troupes irakiennes qui l'occupent depuis le 2 août 1990.

Il propose une rencontre, en Suisse, entre les chefs des diplomaties américaine et irakienne, MM. James Baker et Tarek Aziz. Bagdad accepte cette offre, mais refuse celle de la CEE, qui proposait à M. Aziz de venir à Luxembourg, après sa rencontre avec M. Baker, pour s'entretenir avec une délégation européenne.

Les jours suivants, Washington et Bagdad continuent à se montrer intransigeants : M. Bush affirme qu'il est « *exclu* » de négocier ; M. Saddam Hussein écarte toute idée de retrait du Koweït et s'obstine à lier la solution de la crise du Golfe à celle de la question palestinienne alors que Washington refuse ce lien.

Du 6 au 13, M. Baker effectue une tournée de consultations auprès des membres de la coalition anti-irakienne en Europe et au Proche-Orient.

Le 9, plus de six heures d'entretiens à Genève entre MM. Aziz et Baker ne permettent aucun progrès vers une solution pacifique de la crise.

Les jours suivants, les deux camps accélèrent leurs préparatifs de guerre : plus de 600 000 soldats de vingt-huit pays, dont 400 000 Américains, sont en Arabie saoudite face à plus de 500 000 Irakiens massés au Koweït et dans le sud de l'Irak.

Les rassemblements pacifistes se multiplient dans de nombreux pays ainsi que les manifestations pro-irakiennes dans plusieurs pays musulmans. Tandis que les ressortissants occidentaux sont invités à évacuer le Proche-Orient, en raison des risques d'attentats et de manifestations anti-occidentales, la plupart des diplomates quittent Bagdad.

Le 12, les deux chambres du Congrès américain autorisent le président Bush à recourir à la force contre l'Irak.

Le 13, M. Javier Perez de Cuellar est reçu à Bagdad

par M. Saddam Hussein. Mais cette ultime « *mission de paix* » entreprise par le secrétaire général de l'ONU se solde aussi par un échec. Un dernier appel pour éviter « *un conflit dont aucun peuple ne veut* », lancé le 15 par M. Perez de Cuellar devant le Conseil de sécurité, reste également sans réponse.

Le 17, à partir de 2 h 40, heure locale, des cibles stratégiques irakiennes en Irak et au Koweït commencent à être attaquées par l'aviation alliée ainsi que par des missiles Tomahawk tirés à partir de navires et de sous-marins américains. Ces bombardements aériens, qui se poursuivent à un rythme intense les jours suivants, visent des objectifs localisés grâce aux satellites et aux avions de reconnaissance : les centres de commandement et de communication, les rampes de lancement de missiles, les installations chimiques et nucléaires, les stations-radars, les bases aériennes et les terrains d'aviation, les dépôts de blindés et d'artillerie ainsi que les positions de la garde républicaine, unité d'élite de l'armée irakienne. Les forces alliées souhaitent épargner les populations civiles.

Le président Bush justifie, dans une allocution télévisée, le lancement de l'opération « Tempête du désert » pour « *chasser Saddam Hussein du Koweït par la force* ». Dès les premières heures, les états-majors alliés, placés sous le commandement du général américain Norman Schwarzkopf, se félicitent des succès remportés et du peu de résistance de l'Irak.

Les marchés boursiers, qui avaient connu de fortes baisses les jours précédents, saluent l'attaque des alliés par une hausse spectaculaire (+ 7,6 % à Francfort, + 7,05 % à Paris, + 4,6 % à New-York, + 4,5 % à Tokyo, + 2,4 % à Londres). Les prix du pétrole chutent de 30 à 18 dollars le baril avant de se stabiliser juste au-dessus de 20 dollars jusqu'à la fin du mois. Le dollar, qui était remonté jusqu'à 1,54 DM, 136 yens et 5,25 F avant le déclenchement de la guerre, baisse ensuite.

Le 18, peu après 2 heures, sept missiles sol-sol Scud irakiens atteignent Israël. L'alerte chimique est déclenchée, mais les Scud sont équipés de charges conventionnelles et ils ne font que douze blessés. Bagdad, en s'attaquant à l'État juif, pays non belligérant, tente de l'impliquer dans la guerre afin de provoquer le départ de pays arabes de la coalition anti-irakienne. Mais, conscients du piège et dissuadés par Washington, les Israéliens s'abstiennent de répliquer, à la satisfaction des Occidentaux qui multiplient les témoignages de solidarité.

Un autre Scud est lancé, le 18, vers l'Arabie saoudite, mais il est détruit en vol par un missile sol-air Patriot américain. Des batteries de Patriot sont très rapidement installées par les Américains en Israël. Jusqu'au 31, des missiles Scud sont lancés presque quotidiennement à partir de rampes mobiles irakiennes : 28 contre Israël (2 morts et plus de 200 blessés) et 26 contre l'Arabie saoudite (1 mort et près de 50 blessés).

Le 18, plusieurs dizaines de milliers d'islamistes défilent à Alger en faveur de l'Irak. Les manifestations de soutien à l'Irak se multiplient dans les autres pays du Maghreb.

Les 20 et 21, l'annonce par Bagdad qu'une vingtaine de prisonniers de guerre alliés ont été placés comme boucliers humains sur des sites stratégiques ainsi que les aveux télévisés extorqués à plusieurs aviateurs capturés provoquent l'indignation dans les pays de la coalition anti-irakienne. Cette dernière a reconnu la perte de seize avions de combat, dont neuf américains et quatre britanniques, et vingt et un aviateurs ont été portés disparus.

Le 22, M. Gorbatchev affirme, dans une conférence

de presse à Moscou, qu' « *il faut tout faire pour éviter l'escalade* ».

Le 23, Washington annonce que les forces de la coalition ont acquis la « *supériorité aérienne* » et qu'elles vont poursuivre les bombardements intensifs sur les troupes irakiennes en Irak et au Koweït en visant désormais à « *détruire* » le maximum du potentiel militaire irakien afin de minimiser leurs propres pertes lors de l'offensive terrestre qui est repoussée à plus tard. La Maison Blanche reconnaît, le 24, que la guerre « *durera probablement plusieurs mois* ». Plus des trois quarts des Américains approuvent l'intervention des États-Unis dans le Golfe.

Le 23, M. Saddam Hussein, en visite sur le front, s'en prend à la « *lâcheté et à la peur* » des alliés qui « *se contentent de bombardements à haute altitude* ». Il affirme que « *l'ennemi va se rendre compte que les Irakiens sont résolus à l'affronter et à le vaincre* ».

Le 24, le Japon annonce que sa participation à l'effort de guerre va être portée de 4 à 13 milliards de dollars. Le 25, l'Arabie saoudite et le Koweït, qui ont déjà versé près de 6 milliards, promettent chacun 13,5 milliards supplémentaires tandis que l'Allemagne décide, le 29, d'accroître sa contribution de 4,7 à 10,2 milliards. Le coût des opérations militaires est évalué à 500 millions de dollars par jour.

Le 25, Washington accuse Bagdad de « *terrorisme écologique* » en annonçant que « *plusieurs millions de barils* » de pétrole ont été déversés dans le Golfe à partir de terminaux pétroliers au Koweït. Pour enrayer cette gigantesque marée noire, qui risque d'empêcher le fonctionnement des usines de dessalement de l'eau de mer de la côte arabique, l'aviation américaine bombarde, les 26 et 27, des installations pétrolières koweïtiennes, tandis que d'importants moyens anti-pollution sont mis en œuvre.

Le 26, des manifestations pacifistes sont organisées dans de très nombreux pays : elles rassemblent en particulier 200 000 personnes à Bonn, 100 000 à Washington et à San-Francisco, 50 000 à Paris. D'autre part, une soixantaine d'attentats ou d'actes de terrorisme contre des intérêts des alliés sont commis avant la fin du mois dans une dizaine de pays.

A partir du 26, des appareils irakiens vont se mettre à l'abri en Iran : en quelques jours, ils sont plus de cent. Téhéran confirme sa « *neutralité* » dans le conflit et annonce que ces avions ne seront pas rendus à l'Irak avant la fin de la guerre.

Le 28, M. Saddam Hussein, dans un entretien à CNN, menace d'utiliser la « *capacité nucléaire, chimique et biologique* » des Scud irakiens. Cependant les raids de l'aviation alliée contre l'Irak et le Koweït se poursuivent à la moyenne de deux mille par jour.

Le 28, Washington et Moscou décident « *d'un commun accord* » de reporter le sommet Bush-Gorbatchev prévu à Moscou du 11 au 13 février. M. Baker et M. Bessmertnykh, son homologue soviétique, signent, le 29, à l'issue de trois jours d'entretiens à Washington, une déclaration assurant que « *la fin des hostilités est encore possible si l'Irak s'engage sans équivoque à évacuer le Koweït* ». Mais Washington s'emploie ensuite à minimiser l'importance de cette proposition de cessez-le-feu inspirée par les Soviétiques.

Le 29, M. Bush consacre l'essentiel de son message annuel sur l'état de l'Union à la guerre du Golfe. Tout en répétant qu'il ne veut pas « *la destruction de l'Irak* », il affirme que sa « *capacité à soutenir une guerre est en voie d'anéantissement* ».

Le 29, peu avant minuit, des unités d'infanterie irakiennes appuyées par des blindés s'emparent de Khafji, ville côtière saoudienne proche de la frontière koweïtienne, qui n'est reprise, le 1er février, qu'après de violents combats. Cette offensive témoigne de la volonté irakienne de hâter le déclenchement par les alliés des opérations terrestres.

Du 29 au 31, des forces de l'OLP — qui a pris fait et cause pour l'Irak — tirent vers Israël des dizaines de roquettes à partir du sud du Liban. Jérusalem accuse les Palestiniens de vouloir ouvrir un « *deuxième front* » et riposte par de violents bombardements.

Le 30, un avion-espion américain est abattu au-dessus du Koweït, avec quatorze hommes à bord ; au total, vingt-cinq avions alliés ont été abattus dont seize américains et six britanniques ; quarante et un avia-teurs sont morts ou disparus. L'Irak, qui, selon les alliés, a perdu cinquante-quatre avions et quarante-six navires, ne publie aucun bilan crédible pour les pertes humaines, tant civiles que militaires.

A partir du 31, l'Allemagne envoie du matériel militaire, pour un montant de 800 millions de dollars, en Israël où la contribution de firmes alle-mandes à l'effort de guerre irakien avait été vivement critiquée. ■

DIFFÉRENCES FRANÇAISES

Le 2, M. Michel Vauzelle, président de la commission des affaires étrangères de l'Assemblée nationale et proche de M. Mitterrand, se rend à Bagdad pour une mission « *exploratoire* » décidée « *à titre personnel* ». Il a un long entretien, le 5, avec M. Saddam Hussein.

Le 3, le courant du PS Socialisme et République, qui regroupe les amis de M. Jean-Pierre Chevènement, ministre de la défense, affirme que « *la France ne saurait se résigner à une logique de guerre* ».

Le 4, M. Roland Dumas, ministre des affaires étran-gères, présente devant les ministres de la CEE un plan en sept points qui envisage une solution diplomatique à la crise.

Le 8, M. James Baker, venu à Paris rencontrer M. Mitterrand, obtient une déclaration sur un « *accord total et complet entre la France et les États-Unis* », en dépit de quelques divergences en particulier sur le « *lien* » entre la crise du Golfe et le conflit israélo-palestinien.

Le 9, M. Mitterrand tient sa septième conférence de presse sur le Golfe. Il assure que, dès le 16 janvier, le « *conflit armé* » deviendra « *légitime* », mais que, d'ici là, la France poursuivra ses efforts diplomatiques pour éviter une guerre.

Le 12, près de cent mille personnes à Paris, et un peu plus dans une quarantaine de villes de province, manifestent contre la guerre à l'appel du PCF, de l'extrême gauche, des Verts et d'organisations pacifistes.

Le 14, un ultime projet de plan de paix proposé par la France au Conseil de sécurité de l'ONU n'obtient l'aval ni des États-Unis ni de la Grande-Bretagne.

Le 16, devant le Parlement réuni en session extraordinaire, est lu un message de M. Mitterrand, soulignant que « *la France assume le rang, le rôle et les devoirs qui sont les siens* ». La déclaration de M. Rocard, prévoyant le recours à la force pour libérer le Koweït, est approuvée à l'Assemblée nationale par 523 voix contre 43 (dont 26 PC et 7 PS) et au Sénat par 290 voix contre 25 (dont 16 PC et 3 PS). Le soir, M. Mitterrand lance à la télévision un appel à la « *cohésion nationale* ». « *La nation tout entière doit se sentir engagée* », affirme-t-il.

Le 17, l'aviation française participe aux premiers bombardements, mais M. Chevènement précise que ses interventions se limiteront au territoire du Koweït. Les jours suivants, les avions de combat français mènent quotidiennement un ou deux raids contre des objectifs militaires irakiens, sans avoir à déplorer aucune perte.

Le 20, M. Mitterrand précise lors d'un entretien télévisé, que l'action militaire française ne sera pas limitée au Koweït et que, pour « *faire lâcher prise à l'Irak (...), il faut naturellement détruire son potentiel militaro-industriel* ». Le premier raid aérien français en territoire irakien a lieu le 24.

Le 29, M. Chevènement démissionne en estimant que « *la logique de la guerre risque de nous éloigner chaque jour des objectifs fixés par les Nations unies* ». M. Pierre Joxe est nommé ministre de la défense et remplacé au ministère de l'intérieur par M. Philippe Marchand, qui était son ministre délégué.

Février

- Guerre terrestre dans le Golfe : l'Irak à genoux

- Treize ans de prison pour deux dirigeants du « printemps de Pékin »

- Coup d'État militaire en Thaïlande

- Épidémie de choléra au Pérou

- Le Parti communiste italien change de nom

- Émeutes à La Réunion

France

1er M. Jacques Lesourne succède à M. André Fontaine à la direction du *Monde* (10 et 29/I, 2 et 5/II).

2 Le comité directeur du PS réaffirme son soutien à la politique de M. Mitterrand dans le Golfe. Cinq des cent trente et un membres s'abstiennent et les onze représentants du courant de M. Chevènement ne prennent pas part au vote (du 1er au 5, 8, 9 et du 20 au 28).

5 M. Michel Rocard estime que la guerre du Golfe va coûter à la France « *entre 6 et 7 milliards de francs* ». Le 11, dans une lettre à ses ministres, il fixe à 12 milliards les économies budgétaires nécessaires, tandis que M. Pierre Bérégovoy exclut un « impôt spécial Golfe ». Le 25, le Koweït annonce une aide financière de 5 milliards à la France (5, du 7 au 16, 22, 27 et 28).

8 M. Rocard choisit Melun-Sénart, à 31 km au sud-est de Paris, pour implanter le grand stade capable d'accueillir, en 1998, la Coupe du monde de football (10-11, 14 et 21).

12 Chez Renault, la CGT ayant perdu la majorité absolue qu'elle détenait depuis la Libération, les quatre autres syndicats représentés font alliance pour prendre le contrôle du comité central d'entreprise (13, 14 et 28).

13   Le conseil des ministres approuve un projet de loi qui renforce la défense du consommateur et autorise la publicité comparative (14).

16   Les routes qui mènent aux stations de sports d'hiver sont bloquées par de gigantesques embouteillages (19, 22 et 26).

18   Le Haut Conseil à l'intégration définit, dans son premier rapport, les principes d'une meilleure participation des immigrés à la vie nationale (19).

20   L'État décide d'accorder à Air France une dotation en capital de 2 milliards de francs pour lui permettre de poursuivre son programme d'investissement. La société nationalisée a annoncé, le 15, des mesures sociales, destinées à économiser 610 millions, comme l'ont fait la plupart des compagnies aériennes du monde entier, qui font face à une grave chute du trafic en raison de la guerre du Golfe (6, 7, 12, 13, du 15 au 22 et 27).

21   M. Rocard affirme que la SEITA a « *violé l'esprit de la loi* » interdisant la publicité pour le tabac en lançant, le 18, la Chevignon, une cigarette blonde qui porte le nom d'une marque de vêtements pour jeunes (16, 21, 22 et 23/II, 1er/III).

22   Le club de football des Girondins de Bordeaux est placé en redressement judiciaire après le départ, le 6, de M. Alain Afflelou de la présidence du club (7, 9, 10-11, 16 et 24-25).

23-25   A Saint-Denis de la Réunion, des émeutes font onze morts, dont dix, sans doute des pillards, périssent dans l'incendie d'un magasin. Provoqués par l'interdiction d'une télévision pirate, Télé-Free-DOM, les violences et les pillages sont aussi dus à un profond malaise social (du 26/II au 8/III).

25   L'INSEE annonce une baisse du produit intérieur brut de 0,4 % au quatrième trimestre 1990. La croissance n'a été que de 2,8 % en 1990, contre 3,7 % en 1989 (27/II et 8/III).

26 En janvier, le déficit du commerce extérieur a atteint 5,8 milliards de francs, le nombre de chômeurs s'est accru de 0,4 % et les prix ont augmenté de 0,4 % (27 et 28).

28 Simone Weber est condamnée à vingt ans de réclusion criminelle par la cour d'assises de Meurthe-et-Moselle, qui la jugeait depuis le 17 janvier. Malgré l'absence de preuve formelle, elle est déclarée coupable du meurtre, en 1985, de Bernard Hettier, son ancien amant, mais acquittée pour l'empoisonnement, en 1980, de Marcel Fixard, peu après l'avoir prétendument épousé en 1980 (17, 19, 23, 24, 26, 27-28, 30 et 31/I, 1er, 2, du 5 au 9, du 13 au 16, 20, 22, 23 et du 27/II au 2/III). ■

Étranger

1er AFRIQUE DU SUD : Le président Frederik De Klerk annonce, devant le Parlement, l'abrogation avant le 1er juillet des dernières lois de l'apartheid : les lois discriminatoires sur la classification de la population, sur les lieux de résidence et sur la propriété de la terre vont être abolies. Le 12, M. De Klerk et M. Mandela concluent un nouvel accord sur l'abandon par l'ANC de la lutte armée et sur l'accélération des procédures d'amnistie pour les prisonniers politiques et les exilés (du 2 au 7, 10-11, 14, 17-18, 20 et 22).

1er FINANCES MONDIALES : La Réserve fédérale des États-Unis abaisse son taux d'escompte de 6,5 % à 6 % pour tenter de relancer l'économie. Les évolutions divergentes des taux américain et allemand accentuent la baisse du dollar, qui chute jusqu'à 1,45 DM, 127 yens et 4,95 F, le 12, malgré les interventions des banques centrales. Il se redresse ensuite en raison des succès alliés dans la guerre du Golfe (du 3 au 14, 17-18, 19, 22 et 24-25).

3   ITALIE : Le Parti communiste, réuni à Rimini pour son vingtième et dernier congrès, se transforme en Parti démocratique de la gauche. M. Achille Occhetto, secrétaire général du PCI, est élu, le 8, à la tête du PDS, après un premier scrutin défavorable, le 4 (1er, 2, 5, 6 et 10-11).

4   CEE : Les Douze, levant leurs sanctions contre la Syrie, libèrent 1 milliard de francs de crédits qui étaient bloqués depuis 1986 (6 et 8).

4   ÉTATS-UNIS : Le projet de budget pour 1992 prévoit un déficit record de 281 milliards de dollars. Les crédits de la défense continuent à baisser. Seuls 15 milliards de dollars sont prévus pour les dépenses dues à la guerre du Golfe, largement financées par les contributions des alliés, qui ont promis 54 milliards (5,6 et 24-25).

5   ÉTATS-UNIS : Le gouvernement présente un projet de réforme du système bancaire afin de faire face aux difficultés financières de nombreux établissements (du 6 au 8 et 12).

5   VATICAN : Mort du Père Pedro Arrupe, supérieur général des jésuites de 1965 à 1983 (7).

6-7   LIBAN : L'armée se déploie dans une partie du sud du pays. Les milices d'Amal et du Hezbollah, ainsi que les Palestiniens, lui cèdent leurs positions (3-4, 7, 8, 9 et 17-18).

7   GRANDE-BRETAGNE : Trois obus de mortier sont tirés en direction de la résidence du premier ministre à Londres. Cet attentat est revendiqué par l'Armée républicaine irlandaise (IRA), de même que

ceux du 18, visant deux gares londoniennes, qui font
1 mort et 43 blessés : pour la première fois depuis
1983, l'IRA s'attaque à des lieux publics en Angleterre
(8, 9, 19 et 20).

8 PÉROU : Le gouvernement décrète l'état
d'urgence sanitaire et alerte la communauté internationale après la détection d'une grave épidémie de
choléra, qui s'étend pendant tout le mois au rythme de
mille nouveaux cas par jour et menace de se propager
dans tout le continent sud-américain (8, 12, 14, du 17
au 20, 23 et du 26 au 28).

9 URSS : Lors d'un référendum sur l'indépendance de la Lituanie, organisé par les autorités nationalistes mais déclaré illégal par M. Gorbatchev, le
« oui » obtient 90,4 % des suffrages et la participation
s'élève à 84,4 % (3-4, du 7 au 14 et du 16 au 21).

12 CHINE : Les sentences les plus sévères sont
prononcées lors du dernier procès de dissidents du
« printemps de Pékin » de 1989 : deux intellectuels
sont condamnés à treize ans de prison (6, 7 et du 13 au
16).

17 CAP-VERT : Lors de la première élection présidentielle pluraliste, le président Aristides Pereira, au
pouvoir depuis l'indépendance en juillet 1975,
n'obtient que 26,2 % des suffrages. M. Antonio Mon-
teiro est élu avec 72 % des voix, alors que son parti, le
Mouvement pour la démocratie, a remporté 56 des 79
sièges aux élections législatives organisées le 13 janvier (17/I, 19, 20 et 22/II).

19 URSS : M. Boris Eltsine, président de la Fédération de Russie, demande, en direct à la télévision, la
démission de M. Gorbatchev. A Moscou, plus de cent
mille personnes, dont de nombreux militaires, défilent,
le 23, à l'appel des conservateurs, mais les partisans de
M. Eltsine sont encore un peu plus nombreux, le 24. Le
26, à Minsk, M. Gorbatchev critique les « *pseudo-*

démocrates », les accusant de mener le pays, à la
« *guerre civile* » (19, 21, 22 et du 24 au 28).

20 ALBANIE : Dans le centre de Tirana, la statue
d'Enver Hodja, fondateur du régime communiste, est
renversée par des dizaines de milliers de manifestants.
Le président Ramiz Alia cède aux exigences des étudiants, en grève depuis le 6, et prend le contrôle du
gouvernement. Le 22, des affrontements entre manifestants et forces de l'ordre font au moins quatre morts
devant l'École militaire de Tirana (du 9 au 12, 15, 16 et
du 20 au 28/II, 2/III).

20 ÉTATS-UNIS : M. Bush présente un nouveau
plan énergétique qui prévoit un accroissement de la
production pétrolière et une relance du nucléaire mais
pratiquement pas d'économies d'énergie (13 et 22).

20 YOUGOSLAVIE : Le Parlement de Slovénie,
puis, le 21, celui de Croatie, proposent la « *dissociation* » de la Fédération en plusieurs États souverains et
autonomes (7, 10-11 et du 22 au 25).

21 EUROPE : La Tchécoslovaquie devient le
vingt-cinquième pays membre du Conseil de l'Europe
(1er).

22 BULGARIE : L'Assemblée constituante
adopte une loi sur la privatisation et la redistribution
des terres collectivisées (27).

23 THAÏLANDE : Le gouvernement de M. Chati-
chai Choonhavan, premier ministre depuis août 1988,
est renversé par un coup d'État militaire. L'armée
décrète la loi martiale et abolit la Constitution, mais
promet des élections générales en 1992 (du 24 au 28).

24 FMI : Le Fonds monétaire international, qui a
accordé des prêts de 1,8 milliard de dollars à la
Tchécoslovaquie, le 7 janvier, et à la Hongrie, le
21 février, ouvre une ligne de crédits de 2 milliards de
dollars à la Pologne (9/I, 24-25 et 26/II).

25 PACTE DE VARSOVIE : Les ministres des

affaires étrangères et de la défense des pays membres
(Bulgarie, Hongrie, Pologne, Roumanie, Tchécoslovaquie, URSS), réunis à Budapest, décident la dissolution des structures militaires de l'alliance créée en mai
1955 par l'Europe socialiste (5, 8, 13, 17-18, 26 et 27).

26   ALLEMAGNE : Le chancelier Kohl, revenant
sur ses engagements électoraux, annonce des augmen-
tations d'impôts et de taxes. Le coût de la réunification
s'est accru en raison de la dégradation de la situation
économique dans l'ex-RDA (9, 12, 14, 17-18, 23, 24-25,
27 et 28).

27   BANGLADESH : Lors des premières élections
réellement démocratiques, le Parti national (BNP) de
la bégum Khaleda Zia remporte 140 des 300 sièges à
pourvoir. Mme Zia devient premier ministre le 19
mars (27/II, 2, 9, 21 et 22/III).   ■

La guerre du Golfe

Le 2, M. Hachemi Rafsandjani, chef de l'État iranien,
transmet à M. Saddam Hussein une « *idée* » devant
permettre l'élaboration d'un plan de paix. Le 4,
M. Rafsandjani se pose en médiateur entre les États-
Unis et l'Irak. Le 5, le président Bush juge l'initiative
iranienne « *encourageante* » tout en estimant qu'il n'y a
plus « *rien à négocier* » et que « *le temps de la diplomatie
est fini* ».

Le 3, à Rabat (Maroc), une « marche de solidarité
avec le peuple irakien frère » rassemble plusieurs
dizaines de milliers de personnes. Les manifestants
réclament le retrait des 1 200 soldats marocains
envoyés en Arabie saoudite. Paris s'efforce de maintenir des contacts diplomatiques avec les pays du

Maghreb où se multiplient les manifestations pro-irakiennes et où la France est très critiquée pour son engagement dans la guerre.

Les 4 et 5, M. Pierre Joxe, ministre français de la défense, rend visite au corps expéditionnaire français en Arabie saoudite. Il y retourne le 14, en compagnie de M. Michel Rocard, après avoir affirmé, le 12, à Washington, qu'il n'y a aucune « *différence d'appréciation* » entre la France et les États-Unis sur la conduite des opérations contre l'Irak.

Le 6, l'Irak annonce la rupture de ses relations diplomatiques avec les États-Unis, la France, la Grande-Bretagne, l'Italie, l'Arabie saoudite et l'Égypte.

Le 6, le roi Hussein de Jordanie, dans un discours télévisé, critique les alliés, accusés de vouloir « *la destruction de l'Irak et l'établissement d'un nouvel ordre régional* ». Washington se montre irrité par ce ton ouvertement pro-irakien.

Le 7, M. Mitterrand, lors d'un entretien télévisé, appelle les Français à la cohésion face aux « *épreuves* » et aux « *sacrifices* », en annonçant l'offensive terrestre au Koweït « *pour les jours qui viennent* ». Il exclut l'utilisation par la France d'armes chimiques, bactériologiques ou nucléaires, refusant ce qui « *serait un recul vers la barbarie* ». Ce rejet de principe est critiqué par MM. Chirac et Giscard d'Estaing.

Du 8 au 10, M. Dick Cheney, secrétaire américain à la défense, et le général Colin Powell, chef d'état-major interarmes, vont en Arabie saoudite recueillir l'avis des responsables militaires de l'opération « Tempête du désert » sur l'opportunité de lancer une offensive terrestre. M. Cheney estime, le 10, que l'Irak « *dispose toujours d'une partie très importante de ce qui a été la quatrième armée du monde* ».

Le 9, M. Rafsandjani exprime sa « *déception* » après

avoir pris connaissance de la réponse irakienne à ses « *idées* » de paix.

Le 10, M. Saddam Hussein, dans un discours radiodiffusé au ton toujours aussi belliqueux, ne mentionne même pas les initiatives diplomatiques qui se multiplient pour tenter de parvenir à un cessez-le-feu : il présente la guerre comme celle des « *fidèles* » contre les « *incroyants* » et affirme que « *chaque heure qui passe est une nouvelle défaite pour les impies* ».

Le 11, le département d'État américain estime qu'un seul des attentats contre les intérêts des alliés a été directement « *commandité* » par Bagdad. La plupart des quelque cent attentats recensés dans le monde, qui ont fait cinq morts et une centaine de blessés, ont été commis par des groupes terroristes locaux.

Le 11, M. Bush juge « *très, très efficace* » la campagne de bombardements intensifs et annonce qu'elle va être poursuivie « *pendant un moment* ». 62 000 raids ont été lancés depuis le 17 janvier par l'aviation alliée contre l'Irak et le Koweït dans le but de détruire le maximum du potentiel militaire irakien avant l'offensive terrestre.

Les jours suivants, le pilonnage s'accroît, visant surtout les troupes irakiennes au Koweït et la garde républicaine, placée en réserve dans le sud de l'Irak, mais aussi Bagdad et Bassorah, ainsi que les principaux ponts de la région sud afin de couper les soldats irakiens de leurs bases arrière et de leurs lignes de ravitaillement.

Le 12, M. Saddam Hussein, recevant à Bagdad M. Evgueni Primakov, émissaire personnel de M. Gorbatchev, n'envisage aucune concession, mais se dit « *prêt à coopérer* » avec l'URSS pour trouver une solution diplomatique au conflit. Moscou évoque des « *lueurs d'espoir* », tout en réaffirmant son refus d'aller à l'encontre des résolutions de l'ONU.

Le 13, au moins trois cents civils sont tués à Bagdad lors du bombardement d'un « abri-bunker ». Cette tragédie provoque l'indignation dans les opinions arabes, mais Washington en rejette la responsabilité, accusant les autorités irakiennes d'avoir installé des civils sur une « *cible militaire* ».

Le 15, l'Irak accepte pour la première fois d'envisager son « *retrait* » du Koweït. Mais il y pose de nombreuses conditions qui sont, toutes, jugées inacceptables par les alliés. M. Bush parle de « *farce cruelle* » et M. Mitterrand de « *diplomatie de propagande* ». En outre, M. Bush appelle « *le peuple irakien* » à renverser M. Saddam Hussein, ce « *brutal dictateur* ».

Les jours suivants, les forces alliées accentuent leur pression militaire sur le terrain : tandis que les raids aériens se poursuivent, l'artillerie bombarde les premières lignes irakiennes et de brèves attaques terrestres commencent à se multiplier à l'intérieur des territoires koweïtien et irakien.

Le 17, l'Arabie saoudite confirme qu'elle est en train de négocier un emprunt de 3,5 milliards de dollars à des banques étrangères, recourant pour la première fois au marché des capitaux.

Le 18, M. Gorbatchev reçoit à Moscou M. Tarek Aziz, ministre irakien des affaires étrangères, et lui remet un plan de paix qui n'est pas rendu public mais communiqué aux principaux membres de la coalition anti-irakienne. Tandis que M. Aziz regagne Bagdad, Paris demande une réponse irakienne rapide et sans équivoque. M. Bush estime, le 19, que le plan soviétique est « *très insuffisant par rapport à ce qui serait nécessaire* ».

Le 21, alors que M. Aziz est en train de revenir à Moscou, M. Saddam Hussein prononce un discours radiodiffusé au ton intransigeant et appelant à la poursuite de la « *mère des batailles* ».

Le 22, à Moscou, peu après minuit, à l'issue d'une

nouvelle rencontre entre M. Gorbatchev et M. Aziz, est annoncée l'acceptation par l'Irak d'un plan de paix soviétique en huit points, qui prévoit un « *retrait complet et inconditionnel* » des troupes irakiennes du Koweït. Mais ce retrait n'interviendrait qu'au lendemain d'un cessez-le-feu et dans des délais qui ne sont pas encore fixés.

Une vingtaine d'heures plus tard, le président Bush reprend l'initiative : en accord avec les alliés, il donne à l'Irak jusqu'au 23 à midi, heure de Washington, soit un peu plus de vingt-quatre heures, pour commencer à évacuer ses troupes du Koweït. Cet ultimatum est assorti de conditions très sévères pour que soit évitée une attaque terrestre de la coalition.

Du 22 au 25, les Irakiens multiplient les rafles de civils au Koweït, tout en continuant à y commettre de nombreuses exactions. Des installations pétrolières sont détruites et la plupart des puits de pétrole sont incendiés, ainsi que plusieurs bâtiments officiels et des hôtels à Koweït.

Le 23, un nouveau plan soviétique, plus strict que le précédent, est rendu public à Moscou et accepté par M. Aziz au nom du gouvernement irakien. Ses six points prévoient notamment un retrait du Koweït en vingt et un jours après l'entrée en vigueur d'un cessez-le-feu. Washington maintient son ultimatum qui n'est suivi d'aucun repli irakien sur le terrain.

Le 24, avant l'aube, les forces terrestres alliées se lancent à la conquête du Koweït. La résistance de l'armée irakienne est en général faible : de nombreux soldats se rendent sans combattre. Tandis qu'une partie des forces alliées attaque de front, une autre, dont la division française « Daguet », entreprend une manœuvre surprise de contournement à travers les plaines désertiques du sud de l'Irak, dans le but d'encercler le Koweït par l'ouest et de prendre à revers

les troupes d'élite de la garde républicaine. Les atta-
quants progressent rapidement, enregistrant de « *formidables succès* » et limitant leurs pertes.

Le 24 au soir, M. Mitterrand explique à la télévision
comment « *cette guerre a été rendue nécessaire* », mais
souligne que son seul but est de « *libérer le Koweït* ».

Le 25, un missile Scud irakien est tiré sur Dhahran
(Arabie saoudite). Il atteint un cantonnement où 28
soldats américains sont tués et 98 blessés. En six
semaines, 39 Scud ont été tirés contre Israël (2 morts et
près de 300 blessés) et 41 contre l'Arabie saoudite (au
moins 30 morts et 200 blessés).

Le 26, M. Saddam Hussein annonce, dans un discours radiodiffusé, que ses troupes ont commencé leur
retrait du Koweït et qu'elles « *l'achèveront dans la
journée* », mais il n'exprime aucun repentir et présente
ce retrait comme une « *victoire* » de l'Irak. Les États-
Unis et leurs alliés affirment au contraire qu'il s'agit
d'une « *déroute* ». Ils décident la poursuite de leur
offensive jusqu'à l'acceptation complète des douze
résolutions de l'ONU par l'Irak.

Le 27 au matin, le drapeau koweïtien est à nouveau
hissé à Koweït, où des témoignages sont recueillis sur
les atrocités commises par l'occupant irakien, tandis
qu'une gigantesque bataille de chars est engagée dans
le sud-est de l'Irak entre des divisions blindées américaines et britanniques et des unités de la garde républicaine, prises dans une nasse.

Le 27 au soir, le gouvernement irakien informe
l'ONU qu'il accepte sans conditions les douze résolutions votées par le Conseil de sécurité entre le 2 août et
le 29 novembre 1990. A 21 heures, heure de Washington, le président Bush annonce que les opérations
militaires alliées vont être suspendues dans trois
heures (à 8 heures, le 28, sur le front). « *Le Koweït est
libéré ; l'armée irakienne est défaite ; nos objectifs mili-*

*taires sont atteints. (...). L'Amérique et le monde ont tenu
parole »*, se félicite-t-il. L'Irak donne aussi l'ordre à ses
troupes de ne plus ouvrir le feu et les combats s'inter-
rompent effectivement à l'aube du 28.   ■

CHIFFRES

Les effectifs des trente pays coalisés qui ont envoyé
des troupes dans le Golfe (armées de terre et de l'air,
marine) se sont élevés jusqu'à 750 000 hommes. Sur le
champ de bataille, 550 000 Irakiens, selon Washington,
dont 110 000 pour la garde républicaine, font face à
plus de 600 000 alliés, dont 400 000 Américains,
60 000 Saoudiens et 30 000 autres Arabes du Golfe,
36 000 Égyptiens, 20 000 Syriens, 29 000 Britanniques,
12 000 Français.

Pendant les 42 jours de guerre, dont 100 heures
d'offensive terrestre, les alliés ont effectué plus de
106 000 raids aériens : au total, les avions ainsi que
l'artillerie terrestre et navale ont déversé 88 500 tonnes
de bombes sur l'Irak et le Koweït. Le nombre de
victimes irakiennes dues à ces bombardements et aux
combats n'est pas connu : les évaluations varient entre
100 000 et 200 000 morts, tant civils que militaires. Les
Américains déplorent 115 morts et 330 blessés, les
forces arabes, une quarantaine de morts et une centaine de blessés, les Britanniques 36 morts et 43 blessés
et les Français 2 morts et 27 blessés.

Selon les chiffres publiés par l'armée américaine, les
alliés ont fait 60 000 prisonniers de guerre et mis hors
de combat 40 des 42 divisions irakiennes présentes sur
le théâtre des opérations (sur un total de 68), ainsi que
3 008 des 4 280 chars, 1 856 des 2 870 blindés et 2 140
des 3 110 pièces d'artillerie. D'autre part, 97 des
500 avions de combat irakiens ont été détruits et 147 se

sont réfugiés en Iran. 36 avions alliés ont été perdus en mission, dont 24 américains et 7 britanniques.

A la fin de la guerre, les cours du pétrole se maintiennent autour de 18 dollars le baril après avoir chuté de 40 % le 17 janvier. Quant aux marchés boursiers, entre le 17 janvier et le 28 février, ils ont enregistré des hausses de 20 % à Paris, 19 % à Londres, 18 % à Tokyo et 15 % à New-York.　■

Culture

5 Un plan de restauration du parc de Versailles prévoit de remplacer vingt-cinq mille des soixante mille arbres en vingt ans (12/I, 7 et 21/II).

7 Peter Zadek met en scène *Mesure pour mesure*, de Shakespeare, à l'Odéon-Théâtre de l'Europe, avec Isabelle Huppert (7 et 16).

14 Mort du sculpteur allemand Arno Breker, qui avait été l'artiste officiel du IIIe Reich (16 et 17-18).

20 L'exposition du Palais de Tokyo consacrée à « la photographie au Bauhaus » retrace les recherches réalisées par les élèves et les professeurs de cette célèbre école d'avant-garde en Allemagne entre 1919 et 1933 (21 et 24-25).

20 Mort de la danseuse britannique Margot Fonteyn (23).

26 Andreï Konchalovsky met en scène *la Dame de pique*, de Tchaïkovsky, à l'Opéra-Bastille (28/II et 1er/III).

26 L'Ours d'or du Festival de Berlin est attribué à *la Maison des sourires*, film de Marco Ferreri (19, 22, 26 et 28).　■

Mars

- Des chiites et des Kurdes irakiens se soulèvent contre Saddam Hussein

- Retour de l'émir Jaber à Koweït

- Première tournée de James Baker au Proche-Orient

- Les Soviétiques se prononcent par référendum pour le *« maintien d'une Union rénovée »*

- Relève démocratique au Bénin

- Annulation de 50 % de la dette polonaise

- Mort de Serge Gainsbourg

France

3 M. Mitterrand, tirant dans une allocution télévisée les conclusions de la guerre du Golfe, déclare « *avec fierté que la France a tenu son rôle et son rang* ». Il propose une réunion du Conseil de sécurité de l'ONU au niveau des chefs d'État ou de gouvernement afin « *d'assurer, au Moyen-Orient et ailleurs, les bases d'une paix juste et durable* ». Il souhaite que s'engage au Parlement un débat sur l'organisation de la défense française (du 5 au 9, 12 et 14).

6 M. Rocard explique, dans un entretien au *Monde*, comment il veut faire passer dans la société française le « *nouvel élan* » souhaité par M. Mitterrand (7 et 9).

8 Mort accidentelle de Michel d'Ornano, ancien ministre et bras droit de M. Giscard d'Estaing (9, 10-11 et 14).

10 Les économies budgétaires sont rendues publiques. D'un montant total de 10,2 milliards de francs, elles sont nécessaires, non pour financer le coût de la guerre du Golfe, qui est quasiment couvert par des contributions extérieures (Koweït, Allemagne...), mais pour pallier la perte de recettes fiscales due au ralentissement de la croissance économique (2, 8, 12, 13, 14, 20, 23 et 28).

13   Le bureau exécutif du PS adopte à l'unanimité un texte sur la guerre du Golfe, appelant les socialistes à « *approuver, dans l'unité et la clarté* », l'action de M. Mitterrand, qui a été « *validée par les faits* ». Mais, le 14, M. Chevènement désavoue les membres de son courant qui ont approuvé ce texte (3-4, 9, 12, 13, du 15 au 21, 23, 27 et 29).

13   M. Jacques Mellick, ministre de la mer, présente un plan de restructuration de la flotte de pêche, qui prévoit la démolition ou la vente d'environ mille bateaux (14).

15   Alors qu'une polémique s'est engagée sur le passé d'un universitaire, M. Georges Boudarel, qui a été commissaire politique en 1953 dans un camp de prisonniers français du Vietminh, des détenus de ce camp annoncent leur intention de poursuivre M. Boudarel pour crimes contre l'humanité. La plainte est déposée le 3 avril (14, du 16 au 23, 27, 29 et 30/III, 5/IV).

17   Les élections territoriales en Polynésie sont un succès pour le parti de M. Gaston Flosse, proche du RPR, qui remporte 18 (+ 8) des 41 sièges. Le 21, M. Flosse fait alliance avec M. Émile Vernaudon (5 sièges) pour s'emparer du gouvernement du territoire, dirigé depuis décembre 1987 par M. Alexandre Léontieff, membre de la majorité présidentielle, dont la liste n'a conservé que 14 de ses 23 sièges (15, du 17 au 26 et 30/III, 2 et 6/IV).

18   La Banque de France abaisse son taux directeur de 9,25 % à 9 % (20).

18   La cour d'appel de Versailles aggrave les peines prononcées en première instance contre M. Jean-Marie Le Pen, poursuivi pour avoir déclaré, en septembre 1987, que l'existence des chambres à gaz était un

« *point de détail de l'histoire de la seconde guerre mondiale* ». M. Le Pen étant condamné à 1,2 million de francs de dommages-intérêts et frais de publication, le Front national dénonce une tentative d' « *asphyxie financière* » (9, 20, 21 et 27).

18 L'inspecteur Antoine Gaudino est révoqué de la police nationale. Son livre sur l'affaire des fausses factures de la SORMAE, publié en octobre 1990, avait relancé la polémique sur le financement du PS (6, 16, du 20 au 23, 27 et 29).

19 La session extraordinaire du Parlement, qui dure jusqu'au 28, est ouverte par un débat sans vote sur les conséquences de la guerre du Golfe et la situation au Proche-Orient. Ministres, députés et sénateurs se félicitent du consensus qui a prévalu pendant le conflit (du 20 au 22).

20 Devant le conseil des ministres, M. Mitterrand admoneste le gouvernement à propos de la Réunion, où des incidents ont repris à Saint-Denis, le 17, à l'issue d'une visite de quelques heures de M. Rocard. Le 24, tandis que s'achève un séjour de Mme Mitterrand, commencé le 21, un calme précaire est rétabli dans l'île (du 1er au 6, 8 et du 17 au 30).

20 Marseille élimine Milan en quarts de finale de la Coupe d'Europe de football des clubs champions, que le club italien avait remportée en 1989 et 1990 (8, 22, 23 et 29).

21 En février, le déficit du commerce extérieur a été de 3,6 milliards de francs, le nombre de chômeurs s'est accru de 1,8 % et les prix ont augmenté de 0,2 % (15, 20, 22, 27, 29 et 30).

22 Le Sénat adopte en première lecture le projet de loi réformant le statut de la Corse, après avoir supprimé plusieurs dispositions essentielles (15, 20, du 22 au 25, 28 et 30).

23 L'Assemblée nationale adopte en première lecture le projet de loi sur la solidarité financière entre les communes par 288 voix contre 135. Le PS vote pour et le PC s'abstient, tandis que la droite se divise : presque tous les députés RPR votent contre, alors que la plupart des centristes et UDF s'abstiennent après l'acceptation par le gouvernement de plusieurs de leurs amendements, dont l'un prévoit un système de solidarité entre les départements (3-4, 10-11, 13 et du 15 au 28).

26 A Sartrouville (Yvelines), la mort d'un jeune homme d'origine maghrébine, tué par un vigile d'un centre commercial, est suivie de trois nuits de violences qui confirment le mal-vivre des jeunes banlieusards (du 28/III au 2/IV).

26 A Valence (Drôme), six mille personnes accueillent triomphalement les premiers soldats rapatriés du Golfe. Le retour des 14 500 militaires français doit s'étaler jusqu'en juin (17-18, 27, 28 et 29).

27 Le conseil des ministres approuve un plan social pour les étudiants. Négocié par M. Lionel Jospin et les principales organisations étudiantes, il doit améliorer les prêts, les bourses, le logement, la restauration et les transports universitaires (7, 26 et 28).

27 Le groupe public Bull annonce une perte record de 6,8 milliards de francs pour 1990 ainsi que 8 500 suppressions d'emplois en 1991 et 1992. L'État s'engage à soutenir massivement le constructeur français d'ordinateurs (28 et 29).

28 Le Conseil supérieur de l'éducation, consulté pour avis par M. Jospin, proteste contre la modification du calendrier scolaire, annoncée après les embouteillages monstres sur les routes des Alpes lors des départs en vacances de février, mais approuve l'aménagement des rythmes scolaires en maternelle et dans le primaire, qui met fin à la « guerre du catéchisme » avec l'épiscopat (du 14 au 19, 28 et 30/III, 9 et 26/IV).

28 M. Bernard Sarroca, chef de cabinet de M. Michel Noir, maire (ex-RPR) de Lyon, est inculpé de complicité de vol et recel après le cambriolage, le 24 janvier, de la permanence électorale de M. Pierre Botton, gendre de M. Noir et candidat soutenu par le RPR aux législatives partielles de Lyon le 27 janvier (du 24 ou 30). ◼

Étranger

1ᵉʳ URSS : Des mineurs se mettent en grève dans plusieurs régions, avec des revendications sociales, mais aussi politiques. Le conflit s'étend pendant tout le mois, mais le gouvernement exige une reprise du travail avant toute négociation (3-4, 7, 8, 14, 21, 26 et 27).

2 SRI-LANKA : Ranjan Wijeratne, ministre de la défense, est assassiné à Colombo dans un attentat qui fait au moins vingt morts. Il menait d'une main de fer la lutte contre la guérilla séparatiste tamoule qui a fait près de 6 000 morts depuis le 11 juin 1990, date de reprise des combats (3-4, 5, 7, 16 et 24-25/III, 2/IV).

3 SAO-TOMÉ-ET-PRINCIPE : M. Miguel Trovoada, qui avait le soutien de l'opposition, remporte l'élection présidentielle avec plus de 80 % des suffrages. Il succède au président Manuel Pinto Da Costa, au pouvoir depuis l'indépendance en 1975, qui ne se représentait pas (6 et 13).

3 URSS : Dans les Républiques baltes d'Estonie et de Lettonie, plus de 80 % des inscrits participent au référendum « *illégal* » organisé par les autorités locales. Le « oui » remporte 77 % des suffrages (3-4 et 5).

4 CHILI : Le rapport de la commission « pour la vérité et la réconciliation », qui dénonce les crimes commis par de nombreux militaires sous la dictature, est rendu public. Le 27, le général Pinochet critique avec véhémence la « *partialité* » du rapport, dont tous les partis, même de droite, vantent le sérieux et l'objectivité (6, 7, 9, 14, 24-25, 26, 28 et 30).

4-6 FRANCE - PAYS-BAS : Visite officielle en France de la reine Beatrix des Pays-Bas et du prince Claus (du 3 au 7).

5 ÉTHIOPIE : Les rebelles érythréens et tigréens, qui contrôlent presque tout le nord du pays, annoncent qu'ils se sont emparés des provinces du Godjam et du Gondar, au nord-ouest d'Addis-Abeba (7, 14, 20 et 24-25).

7 ALBANIE : Le port de Durrës est placé sous contrôle militaire pour endiguer une nouvelle vague d'émigration : depuis le début du mois, plus de vingt mille Albanais ont pris d'assaut des bateaux pour se réfugier en Italie. Le 10, deux mille d'entre eux regagnent l'Albanie en raison du mauvais accueil reçu à Brindisi, où les autorités ont été complètement dépassées par cet afflux de réfugiés (du 6 au 13 et 26).

7 CEE : M. Jacques Delors, président de la Commission européenne, affirme, à Londres, que l'« *absence* » de la CEE dans le conflit du Golfe a confirmé la nécessité d'une politique de défense commune aux Douze (3-4, 6, 8, 9, 12, 24-25 et 28).

9 YOUGOSLAVIE : A Belgrade, la répression d'une manifestation de l'opposition serbe contre le manque d'objectivité des médias fait deux morts. Sous la pression des étudiants, qui occupent une place du centre de Belgrade, les autorités serbes (ex-communistes) cèdent, le 12, sur plusieurs revendications. Le 15, M. Borisav Jovic, président serbe de la direction collégiale du pays, annonce sa démission, mais celle-ci est refusée, le 20, par le Parlement serbe. Comme M. Slobodan Milosevic, président de la Serbie, M. Jovic réclame l'instauration de l'état d'urgence et l'intervention de l'armée pour éviter la « *décomposition* » du pays, prônée selon lui par la Slovénie et la Croatie (5, 6, 9, du 12 au 23, 27, 29 et 30/III, 2 et 3/IV).

10 BURKINA-FASO : Le parti unique au pouvoir abandonne le marxisme-léninisme et opte pour la libre entreprise et l'économie de marché (12).

10 MALAWI : Des inondations font entre sept cents et mille morts ainsi que près de cent mille sans-abri dans le sud-est du pays (15, 16 et 21).

10 SALVADOR : Aux élections législatives, l'ARENA (droite), parti au pouvoir depuis 1988, perd la majorité absolue avec 39 des 84 sièges. La Démocratie chrétienne obtient 26 sièges et le Parti de conciliation nationale (droite), 9, tandis que l'alliance de gauche Convergence démocratique fait son entrée au Parlement avec 8 sièges (10-11, 12, 15 et 26).

10 URSS : Trois cent mille partisans de M. Boris Eltsine manifestent à Moscou sous les murs du Kremlin. Dans un message enregistré, M. Eltsine accuse M. Gorbatchev de « *mentir en permanence* » et appelle à « *déclarer la guerre à la direction soviétique* ». Le 28, ils sont encore deux cent mille à se rassembler à Moscou malgré l'interdiction de la manifestation et un impressionnant déploiement de forces (12, 13, 24-25, et du 28/III au 1er/IV).

13 INDE : Le Parlement est dissous après la démission, le 6, de M. Chandra Shekhar, premier ministre depuis quatre mois. Des élections sont prévues fin mai (7, 8, 14, 15 et 30).

14 ALLEMAGNE - URSS : M. Erich Honecker, ancien président est-allemand, est transféré à bord d'un avion militaire soviétique d'un hôpital de la banlieue de Berlin à Moscou, pour des « *raisons huma-*

nitaires ». Ce départ ne suscite que des protestations de principe à Bonn, en dépit du mandat d'arrêt lancé contre lui le 30 novembre 1990 par la justice allemande (16, 17-18, 20 et 22).

14 GRANDE-BRETAGNE : Six Irlandais, condamnés à la détention perpétuelle en août 1975 pour des attentats à la bombe commis en novembre 1974 contre deux pubs de Birmingham, sont innocentés et libérés après la révision de leur procès (6 et 16).

15 ALBANIE - ÉTATS-UNIS : Les relations diplomatiques, rompues en 1939, sont rétablies (13 et 14).

15 POLOGNE : Les pays créanciers regroupés au sein du Club de Paris accordent à la Pologne une annulation de 50 % de sa dette publique, qui s'élève à 33 milliards de dollars sur une dette totale de 48 milliards. Le 20, les États-Unis portent l'allégement à 70 % pour les 3,8 milliards qui leur sont dus (16, 17-18, 21, 22 et 23).

16 GRANDE-BRETAGNE : L'équipe d'Angleterre de rugby réussit le grand chelem dans le Tournoi des cinq nations en battant par 21 à 19 à Twickenham le Quinze français, qui termine à la deuxième place du Tournoi (5 et 19).

17 FINLANDE : Aux élections législatives, le Parti social-démocrate, arrivé en tête de presque tous les scrutins depuis le début du siècle, n'obtient que 48 (− 8) des 200 sièges et est devancé par le Parti du centre, qui remporte 55 sièges (+ 15). La coalition formée par les sociaux-démocrates, les conservateurs (40 sièges ; − 13) et les libéraux-suédois (11 sièges ; − 1), au pouvoir depuis avril 1987, ne dispose plus de la majorité absolue au Parlement (17-18 et 19).

17 URSS : 80 % des Soviétiques participent au référendum sur le « *maintien d'une Union rénovée* », sauf dans les six Républiques sur quinze (les trois baltes, la Moldavie, la Géorgie, l'Arménie) qui ont refusé de l'organiser et où seules les minorités russophones votent. Le « oui » recueille 76 % des suffrages, en particulier grâce au vote rural et à celui des Républiques d'Asie centrale. L'approbation est beaucoup moins massive dans les grandes villes de Russie et d'Ukraine. En Russie, l'instauration d'une présidence élue au suffrage universel est approuvée par 69,8 % des électeurs (7 et du 10 au 23).

18 ALLEMAGNE : Les « manifestations du lundi », comme à l'automne 1989, reprennent à Leipzig, où cinquante mille personnes protestent contre la montée en flèche du chômage dans l'ex-RDA et dénoncent la politique du chancelier Kohl. D'autres rassemblements ont lieu dans plusieurs autres villes de l'Est, tandis que M. Karl-Otto Poehl, président de la Bundesbank, estime, le 19, que les effets de l'unification monétaire sont « *désastreux* » (3-4, 10-11, 12, du 20 au 23, 27, 28 et 29).

18 TOGO : Le président Eyadéma accepte le principe du multipartisme après une semaine de manifestations et d'affrontements dans les rues de Lomé (du 15 au 20 et 22/III, 2/IV).

21 GRANDE-BRETAGNE : Le gouvernement de M. Major annonce la suppression en avril 1993 de la *poll tax*, l'impôt local très impopulaire instauré par Mme Thatcher en avril 1990. Pour l'année fiscale 1991-1992, la *poll tax* est fortement réduite grâce à une hausse du taux de la TVA qui passe de 15 % à 17,5 % (9, 14, 20, 21 et 23).

22 SOUDAN : Un nouveau code pénal, fondé sur la *charia*, la loi islamique, entre en vigueur dans les régions à majorité musulmane (24-25).

24 BÉNIN : Au second tour de la première élection présidentielle pluraliste, M. Nicéphore Soglo, premier ministre depuis mars 1990, l'emporte, avec 67,73 % des suffrages, sur M. Mathieu Kérékou, chef de l'État arrivé au pouvoir en octobre 1972 grâce à un putsch militaire, qui n'obtient que 32,27 % (5, 12, 13, 15, 19 et du 26/III au 2/IV).

25   CHINE : Le discours prononcé par M. Li Peng, premier ministre, pour l'ouverture de la session annuelle de l'Assemblée nationale populaire, marque un assouplissement de la ligne officielle. M. Li expose les difficultés auxquelles se heurtent les réformes économiques, sans remettre en cause la politique d'ouverture prônée par M. Deng Xiaoping (26 et 27).

25   MALI : Le général Moussa Traoré, au pouvoir depuis novembre 1968, est renversé par un coup d'État militaire après quatre jours d'émeutes dont la répression a fait 112 morts, selon un bilan officiel. Les putschistes, qui désignent à la tête de l'État le lieutenant-colonel Amadou Touré, promettent des élections démocratiques rapides (du 23/III au 4, 7-8 et 21-22/IV).

25   SUISSE : Mort de Mgr Marcel Lefebvre, évêque français intégriste qui avait été excommunié par Jean-Paul II en juin 1988 (26 et 27/III, 3 et 4/IV).

26   AMÉRIQUE DU SUD : Un traité de libre-échange est signé à Asuncion (Paraguay) entre l'Argentine, le Brésil, le Paraguay et l'Uruguay. Il doit donner naissance au Mercosur, le futur marché commun du cône sud (8/V).

28   FINANCES MONDIALES : Les cours du dollar atteignent 1,71 DM, 140 yens et 5,81 F à Paris. En six semaines, malgré les interventions répétées des banques centrales, ils ont progressé de 18 % par rapport au mark. Cette hausse s'explique par le succès américain dans la guerre du Golfe, mais aussi par les perspectives de reprise de l'économie américaine, tandis que le mark est affaibli par la dégradation de la situation économique de l'ex-RDA (8, 10-11, 13, 15, du 17 au 21, 24-25, 27 et 31/III-1er/IV).

29 AUTRICHE : Deux des quatre aides soignantes de l'hôpital de Lainz, près de Vienne, qui étaient jugées depuis le 28 février par la cour d'assises de Vienne pour avoir tué plus de quarante patients âgés, sont condamnées à la réclusion à perpétuité et les deux autres à vingt et quinze ans de prison (2, 3-4, 28 et 31/III-1er/IV).

29 ITALIE : M. Giulio Andreotti, président du conseil depuis juillet 1989, annonce la démission de son gouvernement en raison d'un désaccord entre les cinq partis de la coalition sur le mode d'élection et le rôle du chef de l'État (30 et 31/III-1er/IV).

29 RWANDA : Un accord de cessez-le-feu est signé avec les rebelles d'origine tutsie, qui affrontaient l'armée dans le nord du pays depuis le 1er octobre 1990 (7 et 31/III-1er/IV).

31 AFGHANISTAN : La ville de Khost, proche de la frontière pakistanaise, est la première conquise par les moudjahidins depuis le départ des troupes soviétiques en février 1989 (28/III, 2 et 3/IV).

31 ALBANIE : Au premier tour des premières élections législatives pluralistes, le Parti du travail (communiste) obtient 64,5 % des suffrages, contre 27 % au Parti démocratique, créé en décembre 1990. Alors que la participation a atteint 98,9 %, les campagnes ont massivement voté en faveur des communistes (27 et du 30/III au 4/IV).

31 URSS : La Géorgie organise à son tour un référendum « *illégal* » sur l'indépendance : le « oui » remporte 98,9 % avec une participation de plus de 90 % (2 et 3/IV). ∎

L'APRÈS-GUERRE
DU GOLFE

Le 2, le Conseil de sécurité de l'ONU vote, par onze voix contre une (Cuba) et trois abstentions (Chine, Inde, Yémen), la résolution 686, qui fixe les conditions du cessez-le-feu avec l'Irak. Des discussions vont s'engager à partir du 20 entre les cinq membres permanents du Conseil pour la mise au point d'une nouvelle résolution en vue d'établir un cessez-le-feu définitif.

A partir du 2, des soulèvements éclatent dans le sud de l'Irak. Les jours suivants, des insurgés chiites prennent le contrôle de plusieurs villes de cette région, dont Bassorah, Amara, Nassiriah, Samawa, Karbala, Najaf, tandis que les rebelles kurdes ouvrent un second front dans le nord de l'Irak. Mais les forces gouvernementales se réorganisent pour mater ces révoltes.

Le 3, les commandants alliés et irakien concluent l'accord de cessez-le-feu temporaire sur une base aérienne irakienne proche de la frontière koweïtienne. En vertu de cet accord, dix prisonniers de guerre sont libérés par l'Irak, le 4, puis trente-cinq autres, le 5. Bagdad affirme ne pas en détenir d'autres.

Les 4 et 5, un synode extraordinaire d'évêques consacré au Proche-Orient est réuni à Rome. Le pape Jean-Paul II, concluant le 6 les travaux, lance un appel au « *dialogue entre les trois grandes religions monothéistes* », et souhaite pouvoir relancer ce dialogue en se rendant à Jérusalem.

Le 6, M. George Bush prononce un discours célébrant la victoire américaine devant les deux chambres du Congrès, qui l'ovationnent longuement. Il déclare que « *le temps est venu de mettre fin au conflit israélo-arabe* », sans annoncer de plan précis, mais en rappelant le principe de « *la paix contre les territoires* » occupés par Israël.

Le 6, les six États arabes du Golfe ainsi que l'Égypte et la Syrie signent à Damas un accord de coopération prévoyant la création d'une force de maintien de la paix pour assurer la sécurité dans le Golfe après le retrait des troupes de la coalition anti-irakienne. Mais cette force commune ne pourra pas être créée en 1991. Les départs de soldats américains ont commencé et se poursuivent tout le mois au rythme de cinq mille par jour.

Le 7, un millier de prisonniers koweïtiens sont libérés : l'Irak affirme n'en détenir que sept mille, alors que le Koweït évalue à plus de trente mille le nombre de ses ressortissants, civils et militaires, enlevés par les troupes irakiennes. D'autre part, quarante journalistes occidentaux, dont dix-huit Français, qui avaient disparu depuis une semaine dans la région de Bassorah, sont libérés le 8.

Le 8, M. James Baker, secrétaire d'État américain, commence par l'Arabie saoudite une tournée qui le conduit ensuite au Caire les 10 et 11, à Jérusalem les 11 et 12, à Damas le 13, à Moscou les 14 et 15, à Ankara le 16. A Ryad, le 10, un accord est conclu avec les pays arabes du Golfe, l'Égypte et la Syrie sur des arrangements de sécurité régionaux.

Mais l'essentiel du voyage concerne la relance du processus de règlement du conflit israélo-arabe. A ce propos, M. Baker se dit « *encouragé* » par les « *signes de bonne volonté* » et le « *nouvel état d'esprit* » constatés dans les pays visités. A Jérusalem, le 12, il s'entretient avec une délégation de dix personnalités nationalistes palestiniennes des territoires occupés, qui avait reçu l'aval de l'OLP pour cette première rencontre avec un chef de la diplomatie américaine.

Le 10, quatre Israéliennes sont assassinées à coups

de couteau à Jérusalem par un jeune Palestinien, qui est arrêté. En mars, sept Israéliens sont tués et une dizaine d'autres blessés, la plupart à coups de couteau. Alors que la tension s'est nettement aggravée dans les territoires occupés, soumis à un couvre-feu total pendant toute la guerre du Golfe, les autorités israéliennes annoncent, le 24, que quatre Palestiniens vont être expulsés vers le Liban.

Le 14, M. Mitterrand, recevant M. Bush à la Martinique, l'assure du soutien de la France aux efforts engagés par les États-Unis pour rechercher une paix durable au Proche-Orient.

Le 14, l'émir Jaber regagne le Koweït après sept mois d'exil en Arabie saoudite. Les Koweïtiens se plaignent des lenteurs de la remise en route du pays : l'électricité, l'eau et la nourriture font encore défaut, alors qu'il faudra des mois pour éteindre les centaines de puits de pétrole en feu et pour retirer les milliers de mines posées par les Irakiens. D'autre part, des Palestiniens sont victimes d'exactions : ils sont accusés d'avoir collaboré avec l'occupant même si ce n'est pas le cas.

Le 16, M. Saddam Hussein prononce son premier discours depuis la fin de la guerre, sans faire aucune allusion à la défaite irakienne. Il annonce l'écrasement de l'insurrection chiite dans le sud de l'Irak et affirme que le soulèvement des Kurdes va subir le même sort.

Après de violents combats, qui se poursuivent en fait jusqu'au 28, l'armée irakienne parvient en effet à reprendre le contrôle des villes du Sud, mais les rebelles kurdes progressent dans le nord du pays et s'emparent, le 19, de la ville pétrolière de Kirkouk : ils affirment, le 22, que « *95 % du Kurdistan irakien est libéré* ».

Le 20, l'Arabie saoudite et l'Iran annoncent le rétablissement de leurs relations diplomatiques, rompues en avril 1988.

Le 20, puis le 22, l'aviation américaine abat deux chasseurs bombardiers irakiens qui volaient dans le ciel irakien en violation de l'accord de cessez-le-feu. En revanche, les pilotes américains n'ont pas pour instruction d'abattre les hélicoptères de combat irakiens utilisés contre les rebelles chiites et kurdes. Malgré la violence de la répression et les appels à l'aide des insurgés, les États-Unis refusent d'intervenir dans ce qu'ils considèrent comme un conflit interne à l'Irak.

Le 22, le Conseil de sécurité de l'ONU assouplit l'embargo appliqué à l'Irak en raison de la situation économique désastreuse de ce pays : la famine et les épidémies menacent, tandis que la distribution de nourriture, d'eau potable, d'électricité, d'essence est totalement désorganisée.

Le 28, Bagdad annonce la reconquête de Kirkouk. Appuyées par de violents bombardements, les troupes gouvernementales poursuivent les jours suivants leur contre-offensive, tandis que les insurgés, contraints de se replier, dénoncent le massacre de milliers de civils et que des centaines de milliers de réfugiés s'enfuient vers les frontières turque et iranienne. ▰

Culture

2 Mort de Serge Gainsbourg, chanteur-compositeur, acteur et cinéaste (5, 9 et 10-11).

7 Mort du paléontologue Jean Piveteau (9).

9 *Cyrano de Bergerac* remporte dix césars à Paris, dont ceux du meilleur film, du meilleur réalisateur pour Jean-Paul Rappeneau et du meilleur acteur pour

Gérard Depardieu. En un an, le film a déjà été vu par plus de quatre millions de spectateurs en France (7, 9 et 12).

11-12 Deux pièces de Roger Planchon, *le Vieil Hiver* et *Fragile forêt*, sont mises en scène et interprétées par l'auteur au TNP de Villeurbanne (23).

12 Une rétrospective des œuvres sculptées par Camille Claudel entre 1881 et 1907 est organisée au Musée Rodin (16).

19 Création mondiale de *la Mort de Klinghoffer*, deuxième opéra du compositeur américain John Adams, mis en scène par Peter Sellars, au Théâtre de la Monnaie à Bruxelles (14 et 23).

25 *Danse avec les loups* obtient sept oscars à Hollywood, dont ceux du meilleur film et du meilleur réalisateur pour Kevin Costner (du 23 au 27).

26 Mort de l'ethnologue Henri Lhote (11/IV).

30 Mort de la comédienne Silvia Monfort (2/IV). ■

Avril

- L'exode de deux millions de Kurdes irakiens

- Cyclone au Bangladesh : cent quarante mille morts

- L'ONU somme l'Irak de détruire ses armes nucléaires, chimiques et biologiques

- L'Antarctique protégé contre toute exploitation minière

- En France, les villes riches vont aider les villes pauvres

- Mort de Graham Greene

France

2 Députés et sénateurs parviennent à un accord en commission mixte paritaire sur le projet de loi réformant le livre I du code pénal (5).

3 L'amiral Jacques Lanxade est nommé chef d'état-major des armées. Premier marin à occuper ce poste, il succède au général Maurice Schmitt (4 et 18).

3 Le gouvernement, réaffirmant l' « engagement » de l'État en faveur des industries électroniques, annonce des dotations en capital de 1,8 milliard de francs pour Thomson et 2 milliards pour Bull. Le groupe informatique obtient aussi une aide à la recherche de 2,7 milliards (4, 5, et 20/IV, 3/V).

3 M. Michel Rocard promet 1,5 milliard de francs sur deux ans pour renflouer la télévision publique et relancer A 2 et FR3 (4, 5, 6, 9, 17 et 19/IV, 3/V).

5 Le gouvernement autorise par décret l'ouverture minoritaire du capital des entreprises nationalisées aux capitaux privés en cas d'accord stratégique (6 et 7-8).

6 Mort de Louis Joxe, ancien ministre du général de Gaulle (9).

6-7 Le Parti socialiste, réuni en convention nationale à Cachan, débat du « nouvel ordre mondial » après la crise du Golfe. M. Pierre Mauroy confirme sa proposition controversée de transformer en congrès anticipé la convention nationale du PS prévue en décembre pour adopter le nouveau « projet » du parti (du 3 au 9 et 16).

7 M. Thierry Jean-Pierre, juge d'instruction au Mans, perquisitionne le siège parisien d'Urba-technic, bureau d'études chargé du financement du PS qui a été mis en cause dans plusieurs affaires de fausses factures. Le juge est aussitôt dessaisi à la demande du parquet. Tandis que le ministère de la justice dénonce une « *manipulation politique* » et critique les nombreuses « *irrégularités* » commises par M. Jean-Pierre, la polémique sur le financement des partis politiques est relancée. Le RPR, l'UDF et l'UDC, affirmant que « *l'indépendance de la justice est bafouée* », déposent, le 9, une motion de censure qui ne recueille, le 11, que 261 des 289 voix nécessaires pour renverser le gouvernement, le PCF ayant refusé de la voter. Le 19, la polémique politique est relancée lorsque la cour d'appel d'Angers estime « *conforme au droit* » l'ouverture d'une information sur l'affaire Urba par le juge Jean-Pierre. Le 24, le PS propose la création de commissions d'enquête parlementaires sur le financement des partis. Le RPR et l'UDF, tout en dénonçant une « *manœuvre* » des socialistes, en acceptent le principe (du 9/IV au 3/V).

9 Le projet de loi d'orientation relatif à l'administration territoriale, qui était examiné par les députés en première lecture depuis le 25 mars, n'est adopté qu'à une voix de majorité, le RPR, l'UDF, l'UDC et le PC ayant décidé de voter contre (17-18 et du 27 au 30/III, du 3 au 8, 10, 11, 13, 20 et 28-29/IV).

9 Michelin, premier fabricant mondial de pneumatiques, annonce son cinquième plan social depuis 1983 : alors que le déficit pour 1990 atteint 5,27 milliards de francs, 16 000 suppressions d'emplois (13 % des effectifs) sont prévues en 1991 et 1992, dont 4 900 en France (du 11 au 19).

9 La société Chevignon, qui fabrique des vêtements pour jeunes, rompt le contrat qu'elle avait conclu avec la SEITA après la polémique provoquée par le lancement en février d'une cigarette blonde baptisée Chevignon (7-8, 10, 11 et 18).

10 Le bureau politique de l'Union pour la France (UPF) définit une stratégie commune pour le RPR et l'UDF. Un accord est conclu sur l'organisation de « primaires » pour l'élection présidentielle et sur la présentation de candidats communs pour les régionales et les législatives (du 12 au 16).

12 Le nouveau statut de la Corse est définitivement adopté par l'Assemblée nationale, par 276 voix contre 262 et 38 abstentions. Les députés du PC, qui s'étaient prononcés contre le texte en première lecture, s'abstiennent, tandis que seuls 3 UDF et 3 UDC ne votent pas contre. Le RPR, l'UDF et l'UDC saisissent le Conseil constitutionnel (du 4 au 8 et du 13 au 17).

15 Trente-deux personnalités de gauche, dont M. Charles Fiterman et plusieurs autres contestataires communistes, mais aussi des socialistes critiques, rendent public un manifeste pour la « *refondation* » de la gauche (du 16 au 23 et 26).

17 Le gouvernement annonce soixante mesures pour la Réunion au terme des « rencontres de travail » avec les élus réunionnais qu'il a organisées à Paris les 16 et 17 (5, 11, 12, 14-15, du 17 au 20 et 24).

17 Le projet de réforme du mode de scrutin pour les élections régionales est retiré de l'ordre du jour du conseil des ministres, le soutien du seul Parti socialiste rendant très incertaine son adoption par le Parlement (9, 13 et du 17 au 20).

18 La loi sur la solidarité financière entre les communes est définitivement adoptée par l'Assemblée nationale. Le PS vote pour, le RPR contre, le PC s'abstient, l'UDF et l'UDC ne prennent pas part au vote. Dès 1991, un crédit de 400 millions de francs, prélevé sur près de cent villes « riches », va être redistribué au profit de près de cinq cents villes défavorisées (du 3 au 6, 12, 17, 19 et 20/IV, 8/V et 2/VIII).

22 M. Lionel Jospin présente ses propositions de « *rénovation pédagogique* » des lycées pour lutter contre l'échec scolaire (4, 13 et du 21 au 24).

23 Le groupe UDF de l'Assemblée nationale, soutenu par le groupe RPR, demande des élections législatives anticipées. L'opposition affirme que « *le gouvernement n'a plus de majorité pour faire adopter ses projets* », tandis que le PS dénonce son « *attitude antidémocratique d'obstruction systématique* » (19, 25 et 26).

24 Le conseil des ministres approuve le projet de loi d'orientation pour la ville, qui prévoit des mesures « anti-ghettos » (14/III et 26/IV).

24 M. Rocard présente un Livre blanc sur l'avenir des retraites, qui suggère de porter la durée des cotisations de 37,5 à 41 ou 42 ans (du 16 au 18, 23 et du 25 au 27).

24 En mars, le déficit du commerce extérieur a atteint 4,7 milliards de francs, le nombre de chômeurs s'est accru de 0,6 % et les prix ont augmenté de 0,1 % (17, 25, 26 et 27/IV, 2/V).

25 Quatre jeunes parachutistes, jugés depuis le 15 par la cour d'assises de la Haute-Garonne pour le viol et le meurtre de deux jeunes filles et d'une fillette ainsi que le meurtre d'un garde-champêtre, sont condamnés à la réclusion criminelle à perpétuité. Cette peine est assortie pour deux d'entre eux de la période de sûreté maximale de trente ans (du 17 au 20, 24, 26 et 27/IV, 2/V).

30 Le projet de loi sur la réforme hospitalière est considéré comme adopté en première lecture à l'Assemblée nationale, aucune motion de censure n'ayant été déposée après l'engagement, le 29, de la responsabilité du gouvernement. Ce dernier se plaint que des considérations politiques aient empêché de réunir une majorité sur ce texte qui se voulait consensuel (10, 11, 12, du 20 au 27 et 30/IV, 2 et 3/V). ■

Étranger

1er ALGÉRIE : Les députés adoptent une nouvelle loi électorale ainsi qu'une loi sur le découpage de nouvelles circonscriptions, malgré les protestations des islamistes et de plusieurs autres partis de l'opposition, qui dénoncent le caractère injuste de ces deux lois. Les deux tours des premières législatives pluralistes sont fixées aux 27 juin et 18 juillet (26/III, 3, 5, 7-8 et 17/IV).

1er ALLEMAGNE : L'assassinat à Düsseldorf de Detlev Rohwedder, président de la Treuhand, l'organisme public chargé de gérer et de privatiser le patrimoine industriel de l'ex-RDA, est revendiqué par la Fraction armée rouge (3, 4, 7, 8, 12 et 16).

3 ONU : Le Conseil de sécurité vote, par 12 voix contre 1 (Cuba) et 2 abstentions (Équateur, Yémen), la résolution 687, qui fixe les conditions d'un cessez-le-feu définitif dans la guerre du Golfe. Bagdad accepte, le 6, cette résolution en trente-quatre points, qui prive l'Irak de toute capacité d'agression et le contraint à payer des dommages de guerre grâce au prélèvement d'une partie de ses recettes pétrolières. Tandis que l'embargo sur les denrées alimentaires est levé, l'Irak est contraint de détruire toutes ses armes non conventionnelles et ses fusées à moyenne et longue portée. Une mission d'observation des Nations unies (UNIKOM) doit se déployer dans une zone démilitarisée entre le Koweït et l'Irak (4, 5, 9, 11, 13, 14-15, 20, 21-22 et 27).

5 ROUMANIE - URSS : M. Ion Iliescu signe à Moscou avec M. Gorbatchev le premier traité d'amitié conclu par l'URSS avec un ex-pays communiste d'Europe de l'Est (7-8).

7 ALBANIE : Après le second tour des élections législatives, le Parti du travail (communiste) dispose de 168 des 250 sièges du Parlement et le Parti démocratique (opposition), de 75. Quatre membres de cette formation avaient été tués, le 2, lors de la répression d'une manifestation anticommuniste à Shkoder (du 3 au 6, 9, 12, 18, 19, 28-29 et 30/IV, 3/V).

7 ESPACE : La navette américaine *Atlantis* place en orbite un satellite géant d'observation astronomique des rayons gamma (du 6 au 10, 13, 17 et 30/IV, 8/V).

8 SÉNÉGAL : Cinq opposants entrent au gouvernement, dont M. Abdoulaye Wade, candidat contre le président Abdou Diouf lors de la présidentielle de février 1988 (9 et 10).

9 FRANCE - POLOGNE : M. Lech Walesa, en visite d'État en France jusqu'au 11, signe avec M. Mitterrand un traité « d'amitié et de solidarité » franco-polonais (du 9 au 13).

9 URSS : Le Parlement de Géorgie vote à l'unanimité une déclaration « *proclamant l'indépendance* ». M. Zviad Gamsakhourdia, président du Parlement depuis novembre 1990, se fait élire par acclamation, le 14, au nouveau poste de président de la République de Géorgie et appelle, le 16, à la « *désobéissance civile* » (du 10 au 17 et 25).

10   ITALIE : Après la collision entre un ferry et un pétrolier à l'ancre à la sortie du port de Livourne, 140 des 141 passagers du ferry sont tués (du 12 au 15).

10   TOGO : Au moins 19 personnes sont tuées à Lomé lors d'une expédition punitive menée par l'armée après des manifestations, les 8 et 9, contre le régime du président Eyadéma. Deux lois sur l'amnistie et sur le pluralisme, votées le 11 par le Parlement, sont promulguées le 12 (du 9 au 15, 17 et 18).

11   ITALIE : Le pétrolier chypriote *Haven* explose dans le golfe de Gênes, provoquant une marée noire limitée sur les côtes italiennes et françaises (du 13 au 16, 19, 20 et du 25/IV au 2/V).

11   TURQUIE : Une loi votée par le Parlement lève l'interdiction de l'usage privé de la langue kurde, abroge les articles du code pénal réprimant le délit d'opinion et décide des remises de peines qui entraînent la libération de milliers de détenus (du 13 au 16 et 19).

12   ALLEMAGNE : Le gouvernement et l'opposition social-démocrate décident de coopérer pour tenter de résoudre la crise économique et sociale dans l'ex-RDA, où les syndicats, après un dernier rassemblement, le 17, à Berlin, suspendent les manifestations, qui avaient moins de succès qu'en mars (5, 9, 10, 14-15, 16, 19, et 28-29/IV, 2/V).

15   CEE : Les Douze décident de lever partiellement les sanctions économiques imposées à l'Afrique du Sud depuis septembre 1986 (7-8, 24 et 26).

15 EST - OUEST : La Banque européenne pour la reconstruction et le développement (BERD), créée pour aider l'Europe de l'Est, est inaugurée à Londres en présence d'une trentaine de chefs d'État et de gouvernement (4, 12, du 14 au 17, 19, 23 et 24).

15 MAURITANIE : Le colonel Ould Taya, chef de l'État depuis décembre 1984, accepte le principe du multipartisme et promet des élections législatives et présidentielle en 1992 (6, 7-8 et 16/IV, 8 et 12-13/V).

16-19 JAPON - URSS : M. Mikhaïl Gorbatchev est le premier haut dirigeant soviétique à se rendre au Japon. Le 17, devant la Diète, il relance l'idée d'un système de sécurité régional en Asie et dans le Pacifique. Mais malgré leur prolongation, les entretiens avec M. Toshiki Kaifu ne permettent aucun progrès ni sur le contentieux territorial des Kouriles du Sud (quatre îles occupées par les Soviétiques depuis 1945 et revendiquées par le Japon) ni sur l'octroi d'une aide économique japonaise à l'URSS (du 16 au 22 et 28-29).

18-19 FRANCE - ROUMANIE : M. François Mitterrand, effectuant en Roumanie la première visite officielle d'un chef d'État occidental depuis la chute de Nicolae Ceausescu, demande à M. Ion Iliescu de « *hâter la démarche démocratique* » (du 18 au 22).

19 ITALIE : Le nouveau gouvernement formé par M. Giulio Andreotti obtient l'investiture du Parlement. Après la défection du Parti républicain, la coalition, au pouvoir depuis 1983, ne comprend plus que les démocrates-chrétiens, les socialistes, les sociaux-démocrates et les libéraux (7-8, du 13 au 17, 19 et 21-22).

20 AFGHANISTAN : Des missiles Scud, tirés par les forces gouvernementales, font au moins trois cents morts à Asadabad, ville proche du Pakistan tenue par les moudjahidins depuis octobre 1988 (23, 24, 26 et 30).

20 ISLANDE : Aux élections législatives, le Parti de l'indépendance (conservateur) de M. David Oddsson remporte 26 (+ 8) des 63 sièges. M. Oddsson forme, le 29, un cabinet de coalition avec les sociaux-démocrates (10 sièges), qui gouvernaient depuis septembre 1988 avec les agrariens (13 sièges) et les socialistes de gauche (9 sièges). L'Alliance des femmes est le seul des petits partis à conserver 5 sièges (23/IV et 3/V).

20 KOWEÏT : Cheikh Saad, prince héritier et premier ministre depuis 1978, qui avait démissionné le 20 mars, forme un nouveau gouvernement, très critiqué par l'opposition qui doute de ses intentions démocratiques (5, 9, 10, 12, du 16 au 24 et 27).

21 ALLEMAGNE : Aux élections régionales en Rhénanie-Palatinat, Land d'origine du chancelier Helmut Kohl, son parti, la CDU (chrétiens-démocrates), au pouvoir depuis la création du Land en 1946, subit une sévère défaite en passant de 45,1 % des suffrages en 1987 à 38,7 %, au profit du SPD (sociaux-démocrates), qui progresse de 38,8 % à 44,8 % (20 et 23/IV, 17/V.

22-23 FRANCE - LIBYE : M. Roland Dumas, ministre français des affaires étrangères, s'entretient, le 22, avec le colonel Kadhafi dans le désert de Syrte. Il est aussi, le 23, à Tripoli, le premier responsable occidental à rencontrer M. Yasser Arafat, chef de l'OLP, depuis la guerre du Golfe (12, 19 et du 21 au 26).

22- 24 NIGÉRIA : Des émeutes provoquées par des fondamentalistes musulmans chiites font plus de deux cents morts dans l'État de Bauchi, dans le nord du pays (23 et du 25 au 29/IV, 4/V).

23 URSS : M. Gorbatchev conclut une trêve politique avec M. Eltsine et les présidents des huit autres Républiques (sur quinze) prêtes à signer le traité de l'Union. Ces derniers acceptent le plan anti-crise présenté par M. Gorbatchev et prévoyant une « *accélération radicale vers le marché* » au prix de l'interdiction des grèves et de l'instauration d'un « *régime de travail* *spécial* » dans les industries essentielles. La « déclaration commune » appelle aussi à l'arrêt des grèves qui paralysent depuis début mars un quart des mines du pays et qui se sont étendues à d'autres secteurs après les fortes hausses de prix intervenues le 2 avril (du 2 au 6, du 10 au 13, 17, du 19 au 27 et 30/IV, 2 et 3/V).

26 ARGENTINE : Le footballeur Diego Maradona est arrêté en flagrant délit de consommation de cocaïne, alors qu'il a été condamné, le 6, par la Fédération italienne de football, à une suspension de quinze mois pour usage de stupéfiants (31/III-1er/IV, 3, 9, 28-29 et 30).

26 ÉTATS-UNIS - PROCHE-ORIENT : La troisième mission en sept semaines de M. James Baker, secrétaire d'État américain, au Proche-Orient, est interrompue, sans que ses efforts de médiation aient abouti. M. Baker n'est pas parvenu à lever les objections israéliennes à l'égard de la conférence de paix régionale, qu'il propose sous les auspices des États-Unis et de l'URSS (5 et du 7 au 30).

26 FINLANDE : M. Esko Aho (centriste) succède à M. Harri Holkeri (conservateur), premier ministre depuis avril 1987. Le cabinet formé par M. Aho comprend quatre partis (centriste, conservateur, libéral-suédois, chrétien) qui disposent de 115 des 200 sièges du Parlement depuis les élections du 17 mars. Pour la première fois depuis 1975, aucun parti de gauche ne participe au gouvernement (7-8, 10 et 27).

28 FINANCES MONDIALES : Les ministres des finances des sept principaux pays industrialisés, réunis à Washington, apparaissent divisés sur la politique des taux d'intérêt. Ce désaccord provoque, le 29, une nouvelle hausse du dollar, qui atteint à Paris 1,77 DM, 137 yens et 5,98 F. Le 30, la Réserve fédérale des États-Unis abaisse à nouveau son taux d'escompte de 6 % à 5,5 % pour faire face à la récession : une chute du

PNB américain de 2,8 % au premier trimestre a été annoncée le 26 (7-8, du 14 au 17 et du 21/IV au 3/V).

29 ANTARCTIQUE : Les pays signataires du traité sur l'Antarctique, réunis à Madrid depuis le 22, s'entendent pour interdire toute exploitation minière pendant cinquante ans (23 et 27/IV, 2/V).

29 FRANCE - CHINE : M. Roland Dumas commence une visite de trois jours en Chine. Il fait dépendre une « *complète normalisation* » entre Paris et Pékin d'une amnistie pour les victimes de la répression du « printemps de Pékin » de 1989 (16, 17 et 28-29/IV, 2 et 3/V).

29 ITALIE : La bataille pour le contrôle de Mondadori, commencée en mai 1988, s'achève par le partage du premier groupe de presse et d'édition italien entre M. Carlo De Benedetti et M. Silvio Berlusconi (2/V).

29 SAHARA OCCIDENTAL : Le Conseil de sécurité de l'ONU approuve la création d'une force de maintien de la paix, chargée d'assurer le bon déroulement d'un référendum d'autodétermination, prévu pour le début de 1992 (12, 14 et 26/IV, 19-20/V).

29-30 FRANCE - NOUVELLE-ZÉLANDE : La visite officielle de M. Michel Rocard, la première d'un chef de gouvernement français en Nouvelle-Zélande, scelle la réconciliation entre Paris et Wellington, près de six ans après l'attentat contre le *Rainbow-Warrior* (30/IV et 2/V).

30 BANGLADESH : Un cyclone d'une rare violence provoque des dégâts considérables. Près de cent quarante mille personnes, selon un bilan officiel sans doute inférieur à la réalité, sont ensevelies sous les eaux sur les côtes et dans les îles du golfe du Bengale (du 2 au 16, 21, 22 et 25/V).

30 LÉSOTHO : Le général Justin Lekhanya, qui avait pris le pouvoir en janvier 1986, est renversé par un coup d'État militaire et remplacé par le colonel Elias Ramaema (2 et 3/V).

30 LIBAN : Les milices remettent une partie de leurs armes à l'armée qui se déploie dans certaines zones qu'elles contrôlaient (30/IV et 3/V).

30 URSS : Trente-six Arméniens sont tués lors de l'assaut donné par les troupes des ministères de l'intérieur soviétique et azerbaïdjanais à deux villages du nord du Haut-Karabakh, enclave arménienne en territoire azéri (du 3 au 7/V). ∎

LA TRAGÉDIE KURDE

Le 2, le Conseil de sécurité de l'ONU est saisi par la France de la tragédie des Kurdes irakiens au nom du « *devoir d'ingérence humanitaire* ». Les troupes de M. Saddam Hussein achèvent de reconquérir le Kurdistan que des centaines de milliers de personnes ont fui, terrorisées par des bombardements au napalm et au phosphore. Craignant que Bagdad utilise des armes chimiques, elles tentent de se réfugier en Turquie et en Iran malgré le froid et le relief montagneux. M. Bernard Kouchner, secrétaire d'État français à l'action humanitaire, se rend dans la région du 4 au 10.

Le 4, M. Bush confirme que les États-Unis refusent d'intervenir militairement « *dans les affaires intérieures de l'Irak* », excluant de risquer « *de précieuses vies américaines* ».

Le 5, le Conseil de sécurité de l'ONU vote, par dix voix contre trois (Cuba, Yémen, Zimbabwe) et deux abstentions (Chine, Inde), la résolution 688, qui condamne la répression des populations civiles irakiennes et demande à Bagdad de faciliter « *un accès immédiat des organisations humanitaires internationales à tous ceux qui ont besoin d'assistance dans toutes les parties de l'Irak* ». Cette résolution, d'inspiration française et parrainée par les États-Unis et la Grande-Bretagne, avait suscité les réticences de nombreux pays, en particulier ceux qui ont des difficultés avec leurs minorités : ils faisaient valoir que la charte de l'ONU interdit l'ingérence dans les affaires intérieures d'un État membre.

Le 5, M. Bush, sous la pression de la Turquie, de la France et de la Grande-Bretagne, mais aussi de la presse américaine, accepte de lancer l'opération « Provide Comfort » pour apporter une aide uniquement humanitaire aux réfugiés kurdes. A partir du 7, des vivres, des tentes et des couvertures sont parachutés au-dessus du Kurdistan irakien par des avions militaires américains, britanniques et français. Mais les secours se révèlent très insuffisants face à l'ampleur de l'exode, d'autant que la Turquie refuse que les réfugiés s'installent sur son territoire et quittent les montagnes enneigées de la frontière, très difficiles d'accès pour les secours.

Le 8, les chefs d'État et de gouvernement de la CEE se réunissent à Luxembourg à la demande de la France pour un conseil européen extraordinaire consacré à l'après-guerre du Golfe. Les Douze approuvent la proposition britannique de créer en Irak une « *zone de protection* » pour les Kurdes sous l'égide de l'ONU. Ils décident aussi de consacrer 1 milliard de francs à l'aide aux réfugiés irakiens.

Le 10, Washington interdit à Bagdad toute opération aérienne dans le nord de l'Irak, puis décide, le 12, de mobiliser 8 000 hommes ainsi que des centaines d'avions et d'hélicoptères pour étendre l'opération « Provide Comfort ». Mais les États-Unis maintiennent, malgré l'insistance turque, britannique et française, leur refus de « *zones de protection* » en Irak pour les réfugiés, craignant qu'elles deviennent l'embryon d'un État kurde.

Le 15, les ministres des affaires étrangères de la CEE demandent que M. Saddam Hussein soit jugé par un tribunal international pour « *tentative de génocide* » contre la population kurde. Des organisations humanitaires évaluent à 2 250 000 (sur un total d'environ 5 millions) le nombre des Kurdes d'Irak qui ont quitté leurs foyers (un tiers vers la Turquie, deux tiers vers l'Iran) et estiment qu'entre 400 et 1 000 d'entre eux, surtout des enfants et des personnes âgées, meurent chaque jour dans les montagnes irakiennes.

Le 16, M. Bush finit par accepter une intervention au sol en territoire irakien : il annonce l'envoi de 5 000 à 10 000 soldats américains supplémentaires pour créer et protéger cinq à six camps de réfugiés kurdes dans le nord de l'Irak. Cette décision est prise en accord avec Londres et Paris, qui annoncent aussi la participation de militaires britanniques et français, en attendant que les camps puissent être placés sous la protection des Nations unies. Bagdad accepte l'installation de centres d'accueil de l'ONU sur son sol, mais condamne l'engagement de troupes américano-franco-britanniques.

A partir du 20, des soldats américains commencent à s'installer à Zakho, ville du Kurdistan proche de la frontière turque, que l'armée irakienne a accepté d'évacuer. Mais, les jours suivants, tandis que des soldats français et britanniques gagnent aussi le nord de l'Irak, la présence de policiers irakiens à Zakho dissuade les réfugiés de descendre des montagnes pour gagner les zones de protection alliées installées dans les vallées irakiennes.

Le 24, les rebelles kurdes et M. Saddam Hussein concluent, après plusieurs jours de négociations à Bagdad, un « *accord de principe* », basé sur un précédent pacte de mars 1970, qui accordait l'autonomie aux Kurdes, mais n'avait jamais été appliqué. Cet accord est accueilli avec prudence et scepticisme en Occident : il n'aura d'ailleurs pas de suite en 1991.

Le 30, le drapeau de l'ONU est hissé sur le camp d'hébergement de Zakho, construit par les alliés. Mais les réfugiés kurdes restent méfiants et sont encore peu nombreux à regagner l'Irak. ■

Culture

1er Mort de Martha Graham, chorégraphe américaine (3).

3 Mort de Graham Greene, écrivain britannique (4 et 5).

4 Le Musée Guimet, consacré aux arts asiatiques, inaugure une annexe où sont exposées ses collections bouddhiques, en particulier les pièces japonaises ramenées par Émile Guimet en 1876 (4).

4 Mort de Max Frisch, écrivain suisse de langue allemande (6).

8 *La Tempête*, de Shakespeare, créée en octobre 1990 au Théâtre des Bouffes du Nord, remporte le Molière du meilleur spectacle subventionné. La mise en scène de Peter Brook et l'adaptation de Jean-Claude Carrière sont également récompensées (10).

13 Une rétrospective de l'œuvre de Georges Seurat est organisée au Grand Palais pour le centenaire de la mort du peintre (11 et 14-15).

16 Mort de David Lean, cinéaste britannique (18).

20 Mort de Don Siegel, cinéaste américain (25).

22 La mise en scène de Ruth Berghaus pour *Ariane et Barbe-Bleue*, l'unique opéra de Paul Dukas, est huée

par le public du Châtelet, alors que Françoise Pollet et Gabriel Bacquier sont acclamés dans les rôles-titre (18 et 25).

25 Le Centre Georges-Pompidou consacre une grande exposition à André Breton et l'art, sous le titre « *La beauté sera convulsive* » (25).

29 Mort de Claude Gallimard, fils du fondateur de la célèbre maison d'édition, qu'il dirigea de 1976 à 1988 (30).

30 La SEPT et Arte Deutschland TV, qui représente les télévisions publiques allemandes, s'unissent pour créer une chaîne culturelle européenne, qui émettra au printemps 1992 (2 et 3/V).

30 Mort d'André Fraigneau, écrivain (3/V).

Mai

- Accord de cessez-le-feu en Angola

- Assassinat de Rajiv Gandhi en Inde

- Le président éthiopien Menguistu abandonne le pouvoir

- Edith Cresson remplace Michel Rocard à Matignon

- Le Conseil constitutionnel déclare qu'il n'y a pas de « *peuple corse* »

- Morts de Rudolf Serkin et Wilhelm Kempff

France

7 M. Lionel Jospin, présentant ses propositions pour le schéma « Universités 2000 » de développement de l'enseignement supérieur, prévoit une multiplication des formations techniques courtes, avec la création de cinquante mille places dans les instituts universitaires de technologie (IUT) en cinq ans (8, 12-13, 16 et 23).

9 Le Conseil constitutionnel annule l'article premier de la loi réformant le statut de la Corse, qui reconnaissait l'existence du « *peuple corse, composante du peuple français* ». Le reste de la loi est publié dans le *Journal officiel* du 13 mai. Le 19, puis le 29, les deux tendances du FLNC reprennent leurs attentats (4, 5-6, 8, du 11 au 15, 21 et 31/V, 2-3 et 4/VI).

13 L'État et les banques participent au sauvetage de la société VEV-Prouvost, troisième groupe textile français, menacé de dépôt de bilan (9, 14, 15 et 19-20).

14 L'Assemblée nationale approuve la création d'une commission d'enquête sur le financement des campagnes électorales et des partis politiques sous la V⁰ République. Les députés PS et PC votent pour, ceux du RPR, de l'UDF et de l'UDC s'abstiennent (3, 8, 15, 23 et 31).

14   Le gouvernement adopte un schéma directeur prévoyant qu'entre 2015 et 2025 le réseau national des TGV atteindra 4 700 kilomètres grâce à la construction de seize lignes ferroviaires nouvelles à grande vitesse. Le 28, le Texas choisit le TGV français pour une ligne entre Dallas, Houston et San-Antonio (18 et 30).

19   Premier vol du prototype de l'avion de combat Rafale (22).

22   Le Sénat vote en première lecture le projet de loi réformant le livre II du code pénal, qui porte sur les crimes et les délits contre les personnes. Après des débats houleux, commencés le 23 avril, la majorité sénatoriale a rétabli le délit d'atteinte homosexuelle sur un mineur (13 et du 24 au 27/IV, 3, 8, 16, 24 et 25/V).

24   Deux cents étrangers, qui faisaient la grève de la faim après s'être vu refuser le statut de réfugié, obtiennent une autorisation provisoire de séjour. Le gouvernement s'engage à rechercher des solutions pour les dizaines de milliers de « déboutés du droit d'asile » (14, 23, du 25 au 28 et 31).

27   Aïssa Ihich, dix-huit ans, d'origine marocaine, meurt à l'issue de sa garde à vue dans le commissariat de Mantes-la-Jolie, après avoir été arrêté lors d'incidents violents dans le quartier du Val-Fourré dans la nuit du 25 au 26. Asthmatique, il n'avait pu obtenir les médicaments que sa famille était venue lui apporter (du 28/V au 4/VI).

27   Le groupe Pinault achète Conforama à M. Bernard Arnault, président de LVMH, pour 4,4 milliards de francs (25, 28 et 29).

27   En avril, le nombre de chômeurs s'est accru de 1,3 %, le déficit du commerce extérieur a été de 2,1 milliards de francs et les prix ont augmenté de 0,3 % (18 et 29/V, 2-3/VI).

28   Les députés commencent l'examen du projet de loi d'orientation sur la ville, dite loi « anti-ghettos », qui est adopté en première lecture, le 1ᵉʳ juin, grâce à l'abstention des communistes (24 et du 29/V au 3/VI).

29   M. Bérégovoy annonce une série de mesures destinées à réduire le déficit budgétaire de 17 milliards de francs, alors que le ralentissement de la croissance aggrave le dérapage des finances publiques (du 28 au 31/V et 5/VI).

29   Le conseil des ministres approuve un projet de loi destiné à réglementer les écoutes téléphoniques (16 et 30).

29   A Bari (Italie), l'Olympique de Marseille est battu après l'épreuve des tirs au but (0-0, 5-3) par l'Étoile rouge de Belgrade en finale de la Coupe d'Europe des clubs champions de football (19-20, 28 et 31).

31   La Cour de cassation déclare illicite la pratique des « mères porteuses », estimant qu'elle « *contrevient au principe de l'indisponibilité du corps humain* » et qu'elle constitue « *un détournement de l'institution de l'adoption* » (2-3/VI).

31   Après des grèves très suivies, les 14 et 24, à la SNCF, le trafic des transports parisiens est fortement perturbé par un arrêt de travail des agents de la RATP (15, 16, 18 et du 23/V au 3/VI).

31   M. Mitterrand, en visite à Grenoble, souhaite que « *s'engage un dialogue quelquefois fracassant* » afin de « *mobiliser le pays* » et de « *passionner les masses* » pour qu'elles « *reprennent goût à la chose publique* » (2-3/VI).

DE M. ROCARD
À Mme CRESSON

Le 15, M. Michel Rocard, premier ministre depuis le 10 mai 1988, présente la démission de son gouvernement à la demande de M. Mitterrand. Il est remplacé par Mme Édith Cresson, qui est la première femme à occuper ce poste. Le soir, à la télévision, le président de la République appelle à un « *nouvel élan* » et fixe au gouvernement l' « *objectif 1993* », année de la mise en place du marché unique européen, mais aussi année prévue pour les élections législatives.

Le 16, la liste des vingt-neuf ministres est annoncée. Il n'y a que cinq nouveaux, dont M. Jean-Louis Bianco (affaires sociales et intégration), Mme Martine Aubry (travail), Mme Frédérique Bredin (jeunesse et sports). Huit autres changent d'attribution. Quatre ministres d' « ouverture » et trois rocardiens quittent le gouvernement. L'industrie, le commerce extérieur, la poste et les télécommunications ainsi que le commerce et l'artisanat sont rattachés à un grand ministère de l'économie, dirigé par M. Pierre Bérégovoy, afin de marquer la priorité affirmée en faveur de la politique industrielle.

Le 17, seize secrétaires d'État sont nommés, dont neuf nouveaux. Trente-deux des quarante-cinq membres du gouvernement sont PS. Les fabiusiens gagnent quatre places, les jospinistes trois, les rocardiens en perdent quatre et les représentants de l' « ouverture » sept.

Le 22, Mme Cresson fait à l'Assemblée nationale une déclaration de politique générale, non suivie d'un vote. Elle annonce trois grands objectifs : « *Muscler davantage notre appareil productif, renforcer notre cohésion sociale, lutter contre les inégalités et les exclusions et d'abord contre le chômage.* » Alors que ses premières interventions avaient séduit par leur ardeur et leur spontanéité, son discours devant les députés, plus académique, est mal accueilli par la classe politique et par la presse qui critiquent l'absence de perspectives d'ensemble et de propositions concrètes nouvelles (du 16 au 31). ∎

Étranger

1er-3 FRANCE - CORÉE DU SUD : Visite officielle de M. Michel Rocard à Séoul (du 2 au 6).

2 GRANDE-BRETAGNE : Aux élections locales en Angleterre et au pays de Galles, les conservateurs perdent plus de 6 % des sièges au profit des travaillistes et des démocrates libéraux (4 et 18).

2 VATICAN : L'encyclique *Centesimus annus* est rendue publique pour le centenaire de *Rerum novarum*, consacrée par Léon XIII à la question ouvrière. Cette troisième encyclique sociale de Jean-Paul II est une réflexion sur l'échec du communisme en Europe de l'Est, sur les lacunes du système capitaliste et sur les valeurs dans une démocratie (3, 4, 7, 11, 14 et 26-27).

3 CEE - JAPON : Alors que la CEE engage des négociations avec le Japon pour limiter l'entrée des voitures japonaises en Europe, le constructeur automobile japonais Mitsubishi acquiert 33 % de Volvo Car (anciennement DAF), seul constructeur néerlandais, qui reste aussi détenu à parité par l'État et le groupe suédois Volvo (3, 5-6, 14, 15 et du 21 au 25).

3 OMS : L'organisation mondiale de la santé prévoit que 40 millions de personnes, dont un quart d'enfants, seront contaminés par le virus du sida d'ici à l'an 2000. Elle estime que 90 % des cas seront recensés dans les pays en développement et que, dans 80 % des cas, la contamination aura pour origine des rapports hétérosexuels (7/V et 16-17/VI).

3-5 FRANCE - IRAN : La visite à Téhéran de M. Roland Dumas confirme la normalisation des relations entre Paris et Téhéran. Un accord de principe est conclu sur le règlement du contentieux financier (du 3 au 7).

6 ÉTATS-UNIS : ATT, numéro un mondial des télécommunications, prend le contrôle de NCR, cinquième fabricant américain d'ordinateurs, pour 7,4 milliards de dollars après cinq mois de bataille boursière (8).

6 FRANCE - URSS : M. Mitterrand apporte un soutien sans réserve à M. Gorbatchev, qu'il est venu rencontrer à Moscou (7 et 8).

6 URSS : M. Gorbatchev justifie l'intervention brutale de l'armée contre des villages arméniens proches de la frontière avec l'Azerbaïdjan par la nécessité de désarmer les milices arméniennes. Les opérations militaires se poursuivent les jours suivants, faisant au moins cinquante morts depuis la fin avril (du 3 au 16, 18, 24 et 26-27).

6 URSS : Le pouvoir central signe l'accord transférant à la Russie le contrôle des mines de charbon de Sibérie. Les jours suivants, les mineurs, en grève depuis deux mois, acceptent de reprendre le travail (3, 7, 8 et 10).

8 FRANCE - GRANDE - BRETAGNE : Le groupe français Elf-Aquitaine devient le cinquième producteur pétrolier en Grande-Bretagne en rachetant pour 8 milliards de francs le domaine minier de l'américain Occidental Petroleum en mer du Nord (5-6 et 9).

10 AFRIQUE : M. Javier Perez de Cuellar, secrétaire général de l'ONU, lance un appel pressant pour une aide d'urgence à l'Afrique, où trente millions de personnes sont menacées par la famine (12-13).

10 PROCHE-ORIENT : M. Alexandre Bessmertnykh est le premier ministre des affaires étrangères soviétique à se rendre en Israël. Cette courte visite est l'une des étapes d'une tournée au Proche-Orient qui se poursuit au Caire, où M. Bessmertnykh s'entretient, les 12 et 13, avec M. James Baker, secrétaire d'État américain, des « *efforts communs* » des États-Unis et de l'URSS pour l'organisation d'une conférence sur le conflit israélo-arabe. Ce quatrième séjour en dix semaines de M. Baker au Proche-Orient, commencé, les 11 et 12, en Syrie, s'achève, les 15 et 16, en Israël, sans progrès apparent. Le 22, M. Baker affirme que « *le plus gros obstacle à la paix* » est la poursuite des implantations juives dans les territoires occupés (du 4 au 9, du 11 au 21 et du 24 au 27).

10-13 PORTUGAL - VATICAN : Jean-Paul II se rend au Portugal dix ans après l'attentat dont il a été victime à Rome. A Fatima, le 13, devant près d'un million de personnes, le pape estime qu'après le marxisme une nouvelle forme d'athéisme menace le monde (du 12 au 15).

12 NÉPAL : Lors des premières élections multipartites depuis 1959, le Parti du Congrès remporte 110 des 205 sièges du Parlement. Son secrétaire général, M. Girija Prasad Koirala, est nommé premier ministre, le 29, par le roi Birendra Ier (12-13, 15, 18, 25 et 31).

13 FRANCE-ÉTATS - UNIS : Le groupe français Schneider prend le contrôle du fabricant américain de matériel électrique Square D pour 13 milliards de francs après trois mois de bataille juridique et financière (8, 14 et 17).

13 ONU : Le rapport annuel du Fonds des Nations

unies pour les activités en matière de population (FNUAP) plaide pour un contrôle renforcé de la croissance démographique mondiale, alors que le nombre d'habitants de la planète a atteint 5,4 milliards et qu'il risque de dépasser les 6,4 milliards prévus pour l'an 2000 (15).

14   AFRIQUE DU SUD : Mme Winnie Mandela, épouse du vice-président de l'ANC, est condamnée à six ans de prison pour l'enlèvement de quatre jeunes Noirs, à Soweto, en décembre 1988, et pour complicité de coups et blessures volontaires. Mme Mandela reste en liberté jusqu'à ce que la cour d'appel ait statué (15 et 16).

14   CHINE : Jiang Qing, veuve de Mao Zedong, emprisonnée depuis 1976, se donne la mort à Pékin (4 et 6/VI).

15   YOUGOSLAVIE : M. Stipe Mesic, un Croate non communiste, n'est pas élu à la tête de la présidence collégiale de la Fédération. Le refus de la Serbie et de ses alliés du Kosovo, de la Voïvodine et du Monténégro de voter pour lui empêche l'application du système de rotation annuelle en vigueur depuis 1974 entre les six Républiques et les deux provinces autonomes. Le 29, la Croatie proclame sa souveraineté après un référendum, le 19, où 94,17 % des 82,97 % de votants se sont prononcés pour l'indépendance. Dans les régions serbes de Croatie, où des affrontements interethniques meurtriers se sont multipliés, ce scrutin a été boycotté : la minorité serbe (12 % de la population) avait voté, le 12, en faveur d'un rattachement à la Serbie (du 4 au 11, 14, 15, du 17 au 28, 30 et 31).

15-19   CHINE - URSS : La visite de M. Jiang Zemin en URSS est la première d'un secrétaire général du PC chinois depuis 1957. Un accord sur le tracé de la frontière orientale est conclu le 16 (5-6, 10, 16, 18 et 21).

16 ALLEMAGNE : M. Karl-Otto Poehl, président de la Bundesbank depuis 1980, annonce sa démission. Le vice-président, M. Helmut Schlesinger, est désigné le 29 pour lui succéder fin juillet (15, 17, 18, 29 et 30).

18 SOMALIE : Les anciens maquisards du Mouvement national somalien, qui contrôlent le nord du pays, décident de faire sécession et proclament, le 24, la République du Somaliland (16, 21, 26-27 et 28/V, 8/VI).

19 CHYPRE : Aux élections législatives, le Rassemblement démocratique (conservateur) reste le premier parti en passant de 19 à 20 sièges, mais le Parti communiste progresse avec 18 (+ 3) des 56 sièges (19-20 et 22).

20 IRAK : Les forces irakiennes acceptent de se retirer de la ville kurde de Dohouk, située à la limite de la zone de sécurité de 120 kilomètres sur 60 établie par les alliés dans le nord de l'Irak. Les jours suivants, les habitants de Dohouk commencent à rentrer chez eux. A la fin du mois, plus de deux cent mille réfugiés kurdes ont quitté la Turquie pour regagner leur pays. Mais il en reste plus d'un million dans les camps en Iran (du 2 au 30).

20 IRAK : Le Conseil de sécurité de l'ONU vote une résolution créant un fonds d'indemnisation qui devra être alimenté par l'Irak pour réparer les dommages de la guerre du Golfe, notamment au Koweït (2, 3, 5-6, 8, 11 et 22/V, 2-3/VI).

20 URSS : Le Parlement soviétique adopte la loi sur l'émigration. Très contestée par les conservateurs, elle était en discussion depuis dix-huit mois (15, 21 et 22).

20-23 ISRAËL - POLOGNE : M. Lech Walesa effectue la première visite officielle en Israël d'un chef de l'État polonais. Le 20, devant la Knesset, il demande solennellement « *pardon* » pour ceux de ses compatriotes qui ont persécuté des juifs (du 19 au 23).

21 ÉTHIOPIE : Le lieutenant-colonel Menguistu, chef de l'État depuis février 1977, quitte le pouvoir et se réfugie au Zimbabwe. Les jours suivants, les rebelles érythréens et tigréens remportent de nouveaux succès militaires aux dépens de l'armée régulière qui se débande. La capitale, Addis-Abeba, est encerclée par les rebelles. Les 24 et 25, comme en 1984, un gigantesque pont aérien est mis en place par les autorités israéliennes pour évacuer 14 400 juifs éthiopiens vers l'État hébreu. Le 27, s'ouvrent, à Londres, sous l'égide des États-Unis, des négociations entre le gouvernement et les trois principaux mouvements d'opposition armée pour mettre fin à trente ans de guerre civile. Le 28, tandis qu'un accord est conclu à Londres, confiant temporairement le pouvoir aux rebelles tigréens, ces derniers se rendent maîtres d'Addis-Abeba avec l'aval des États-Unis. Washington souhaite éviter le chaos qui entraverait l'acheminement des vivres pour les millions de civils menacés par la famine (4, 10, 11, 17 et à partir du 21).

21 INDE : Rajiv Gandhi, premier ministre de 1984 à 1989 et président du Parti du Congrès, est tué par l'explosion d'une bombe avant une réunion électorale près de Madras. Les séparatistes tamouls de Sri-Lanka sont accusés d'être responsables de l'attentat qui fait seize autres morts et suscite une vive émotion en Inde et à l'étranger. La première journée des élections législatives avait eu lieu le 20 : les deuxième et troisième journées, fixées aux 23 et 26 mai, sont repoussées aux 12 et 15 juin. Le 23, Mme Sonia Gandhi refuse l'offre de succéder à son mari à la tête du Parti du Congrès (19-20 et du 22 au 31).

22 LIBAN - SYRIE : Les présidents Assad et Hraoui signent à Damas un traité de « *fraternité, de coopération et de coordination* », qui consacre le rôle prépondérant de la Syrie au Liban. Jérusalem dénonce une véritable « *annexion* » (15, 17, 18, 21, 23, 24, 25, 29, et 31/V, 2-3 et 5/VI).

22 URSS : M. Gorbatchev souhaite être invité au sommet des sept pays les plus industrialisés, prévu à Londres en juillet, afin de demander un soutien financier aux réformes économiques soviétiques (9, 12-13, 18, 22 et du 24/V au 3/VI).

24 CAMEROUN : Le président Paul Biya place sept des dix provinces sous le contrôle de l'armée, alors que des émeutes antigouvernementales ont fait une trentaine de morts depuis près de deux mois (11, 14, 18, 19-20 et 26-27).

24 CORÉE DU SUD : Le président Roh Tae-woo nomme un nouveau premier ministre et remanie, le 26, le gouvernement, alors que les manifestations estudiantines se sont multipliées après la mort, le 26 avril, d'un étudiant battu par la police et que huit contestataires se sont immolés par le feu pour protester contre le régime (30/IV, du 3 au 7, 9, 11, 12-13, 15, 19-20, 21, 23, 25 et 28/V).

24-25 AFRIQUE DU SUD : Un « sommet sur la violence » est réuni par le président De Klerk à Pretoria pour tenter de mettre fin aux règlements de comptes interethniques qui ont fait près de deux mille morts depuis août 1990 dans les ghettos noirs. Le Congrès national africain (ANC) a refusé d'y participer : il reproche au gouvernement de n'avoir pas tenu son engagement de libérer tous les prisonniers politiques et d'autoriser le retour des exilés avant le 30 avril (du 2 au 14, du 21 au 28 et 30).

25 ALGÉRIE : Le Front islamique de salut (intégriste) appelle à la grève générale illimitée pour obtenir l'abrogation de la loi électorale adoptée pour les législatives du 27 juin et la tenue d'une élection présidentielle anticipée. Les jours suivants, la grève

générale est peu suivie, mais les manifestations d'islamistes se multiplient à Alger (17, 21, 25 et du 28/V au
4/VI).

25 ÉGYPTE : Les pays créanciers regroupés au
sein du Club de Paris accordent à l'Égypte une annulation de 50 % de sa dette publique qui s'élève à 50
milliards de dollars (19-20 et 28).

25 SURINAME : Aux élections législatives, le
Front nouveau pour la démocratie, coalition multiethnique hostile aux militaires qui ont repris le pouvoir en décembre 1990, obtient 30 (− 10) des 51 sièges
du Parlement (25 et 28).

25-27 IRAN : Une conférence internationale sur la
coopération pétrolière, organisée à Ispahan par le
gouvernement iranien, confirme la volonté d'ouverture vers l'Occident et illustre le rapprochement entre
l'Iran et les « pétromonarchies » du Golfe (29 et 30/V,
2-3/VI).

26 ESPAGNE : Aux élections locales, le Parti
socialiste (PSOE), au pouvoir, maintient ses positions,
tandis que le Parti populaire (conservateur) progresse
aux dépens des centristes du CDS, qui passe de 9,8 % à
3,8 % des voix (21 et du 24 au 28).

26 THAÏLANDE : L'explosion en vol d'un Boeing
767 de la compagnie autrichienne Lauda Air fait 223
morts. Une défaillance technique d'un des deux réacteurs serait à l'origine de l'accident (du 28/V au 4/VI).

26 URSS : En Géorgie, M. Zviad Gamsakhourdia,
président en exercice, remporte 87 % des voix à l'élection présidentielle au suffrage universel. Des intellectuels géorgiens en exil dénoncent ses « *tendances dicta-
toriales* » (26-27, 28 et 30).

28 CORÉES : Pyongyang renonce à s'opposer à
l'admission simultanée des deux Corées aux Nations
unies, où Séoul allait obtenir une entrée unilatérale
(29).

28-29 OTAN : Les ministres de la défense des quinze pays membres des commandements intégrés de l'alliance atlantique, réunis à Bruxelles, approuvent une réorganisation du dispositif militaire, qui prévoit notamment la création d'une force multinationale « *de réaction rapide* » (4, 5-6, 24 et du 28/V au 6/VI).

29 ALLEMAGNE : La première ligne ferroviaire à grande vitesse est inaugurée entre Hambourg et Munich (2-3 et 6/VI).

29 ESPAGNE : Un attentat à la voiture piégée contre une caserne de la garde civile, à Vic, près de Barcelone, fait neuf morts, dont trois fillettes. Le 31, la police parvient à démanteler le « commando Barcelone » de l'ETA, auteur présumé de l'attentat de Vic (31/V et 2-3/VI).

29 ÉTATS-UNIS - PROCHE-ORIENT : Le président Bush propose un plan de contrôle des armes de destruction massive au Proche-Orient. Le 30, Washington annonce la livraison à Israël de dix avions de chasse F-15 ainsi que l'entreposage d'armements américains en Israël et « *dans d'autres pays amis* » de la région, pour être utilisés en cas d'urgence (31/V, 2-3 et 4/VI).

29-30 FRANCE - ALLEMAGNE : 57e sommet franco-allemand à Lille (30 et 31/V, 2-3/VI).

31 ANGOLA : Le président José Eduardo Dos Santos et M. Jonas Savimbi, chef des rebelles de l'UNITA, signent à Lisbonne un accord de cessez-le-feu, conclu à Estoril le 1er mai après un an de négociations directes sous les auspices du Portugal. Cet accord de paix, qui va être supervisé par l'ONU, est destiné à mettre fin à seize années d'une guerre civile qui a fait plus de cent mille morts (3, 4, 8, 9, 10, 16, 18, 25 et 26-27/V, 2-3 et 4/VI). ■

Culture

2 *Le Balcon*, de Jean Genet, est mis en scène par Lluis Pasqual à l'Odéon-Théâtre de l'Europe (5-6 et 31).

2 Une exposition regroupe au Grand Palais, sous le titre « De Corot aux impressionnistes », une centaine de tableaux donnés au Louvre entre 1906 et 1927 par Étienne Moreau-Nélaton (8).

3 Mort de Mohamad Abdel Wahab, le plus célèbre chanteur-compositeur égyptien (5-6).

9 Mort de Rudolf Serkin, pianiste américain (11).

13 Création mondiale du *Concerto pour violoncelle* de Maurice Ohana, par Mstislav Rostropovitch et sous la direction de Seiji Ozawa, lors des Rencontres musicales d'Évian (14, 16 et 22).

14 Jean-Pierre Vincent met en scène *Princesses*, de Fatima Gallaire, au cours d'un mois consacré aux artistes d'Algérie par le Théâtre des Amandiers de Nanterre (16 et 29).

21 Le film américain *Barton Fink* remporte la Palme d'or du Festival de Cannes, ainsi que le Prix de la mise en scène pour les frères Joël et Ethan Coen et le Prix d'interprétation masculine pour John Turturro (du 9 au 22, 28 et 31).

23 Mort de Wilhelm Kempff, pianiste allemand (25).

Juin

- Abrogation des lois sur l'apartheid en Afrique du Sud.

- Insurrections islamistes en Algérie

- Boris Eltsine élu président de la Russie

- Éruption du Pinatubo aux Philippines

- En Colombie, reddition du trafiquant de drogue Pablo Escobar

- Berlin redevient la capitale de l'Allemagne

- Un nouveau plan contre le déficit de la Sécurité sociale

France

3 L'Élysée rend public un plan de désarmement global proposé par M. Mitterrand. Il prévoit l'adhésion de la France au traité de non-prolifération des armes nucléaires (du 2 au 5).

4 L'Assemblée nationale vote, par 495 voix contre 61, le projet de loi autorisant la ratification des accords de Schengen, qui prévoient un espace sans frontières entre huit pays de la CEE à partir de 1993. Le Sénat adopte définitivement ce texte, le 27, par 227 voix contre 78 (du 4 au 7, 26 et du 28/VI au 1er/VII).

5 Le gouvernement saisit l'inspection générale des affaires sociales du problème de la contamination d'hémophiles par le virus du sida en 1984 et 1985, alors que la polémique sur les responsabilités a été relancée provoquant la démission, le 1er, du docteur Michel Garretta, directeur du Centre national de transfusion sanguine (du 4 au 8, 12, 18, 20, 25 et 26/VI, 3/VII).

6 M. Pierre Mauroy et M. Georges Marchais se rencontrent pour le premier sommet PS-PCF depuis la préparation des municipales de mars 1989. Ils décident d'engager un « *dialogue nouveau* », alors que le

PCF se montre moins critique à l'égard du gouvernement depuis la nomination de Mme Cresson (4, du 6 au 11, 14, 16-17 et 18).

6 Le groupe Bolloré, en prenant le contrôle de l'armement naval Delmas-Vieljeux, devient le numéro deux du transport de marchandises, derrière le groupe SCETA, filiale de la SNCF (du 2 au 8).

8 Monaco remporte la Coupe de France de football en battant (1-0) en finale Marseille, qui a gagné le championnat pour la troisième année consécutive (26-27/V, 4 et 11/VI).

9 Lors d'un « rodéo » de voitures volées à proximité du quartier du Val-Fourré à Mantes-la-Jolie, une femme policier, violemment renversée par une des voitures, et un jeune Algérien, atteint par une balle tirée par un policier, sont tués. Le 11, plusieurs jeunes du Val-Fourré qui ont participé au « rodéo » sont arrêtés. Le 12, le gouvernement annonce une série de mesures afin de calmer la grogne des policiers et de prévoir des occupations d'été pour les jeunes des banlieues (du 9 au 18, 20, 22 et 25).

9 M. Jean-Pierre Chevènement retrouve son siège de député du Territoire de Belfort avec 52,05 % des suffrages au second tour (2-3, 4, du 7 au 11, 13, 23-24 et 25).

9 La finale des Internationaux de tennis de Roland-Garros oppose deux Américains pour la première fois depuis 1954 : Jim Courier bat André Agassi en cinq sets. Le 8, la Yougoslave Monica Seles a remporté, comme en 1990, le tournoi féminin en battant l'Espagnole Arantxa Sanchez, vainqueur en 1989 (du 26/V au 12/VI).

10 M. Yannick Simbron, secrétaire général de la Fédération de l'éducation nationale (FEN) depuis septembre 1987, est évincé et remplacé, le 15, par M. Guy Le Néouannic (12, 13 et 18).

11 M. François Mitterrand, en visite dans la région Champagne-Ardenne, apporte son soutien à la volonté de Mme Cresson de développer l'apprentissage et la formation en alternance. Il confirme, le 21, à Issoudun, qu'il faut adapter l'école aux besoins des entreprises pour combattre le chômage des jeunes (2-3, 4, 6, 7, 12, 13, 20, 23-24 et 29).

11 Les professions de santé organisent une manifestation qui rassemble près de cent mille personnes à Paris pour protester contre les projets gouvernementaux de maîtrise des dépenses d'assurance-maladie (5, 7, 12, 13 et 16-17).

12 Le conseil des ministres approuve des mesures pour lutter contre le déficit de la Sécurité sociale : les comptes du régime général ont été équilibrés en 1989 et déficitaires de 9 milliards de francs en 1990, mais le « trou » prévu atteint 23 milliards pour 1991 et 26,4 milliards pour 1992. Une hausse de 0,9 % au 1er juillet de la cotisation salariale d'assurance-maladie doit fournir 8 milliards en 1991 et 23 milliards en 1992, tandis que des mesures d'économies sur les dépenses de santé devraient rapporter 2 milliards en 1991 et 7 milliards en 1992 (du 5 au 8, du 12 au 17, 26, 27 et 28/VI, 2/VII).

12 Le RPR et l'UDF signent la charte de l'Union pour la France (UPF), qui scelle leur union pour les prochaines élections (14, 16-17 et 18/VI, 2 et 3/VII).

12 M. Hervé Bourges, président d'A2 et de FR3, présente son « *plan stratégique pour la télévision publique* », qui prévoit des mesures d'économies, dont la suppression de près d'un quart des effectifs (8, 12, 13, 14, 16-17, 25 et 30/VI-1er/VII, 2/VII).

13 Mme Édith Cresson engage la responsabilité de son gouvernement devant l'Assemblée nationale sur le projet de loi portant diverses dispositions d'ordre économique et financier. Ce projet est surtout consacré aux économies budgétaires, mais il contient aussi un amendement socialiste qui confirme l'entrée en application en 1992 de la réforme de la taxe d'habitation, votée en juin 1990 sur l'initiative du PS contre l'avis du gouvernement. L'opposition RPR-UDF-UDC, dénonçant « *l'alourdissement des prélèvements tant fiscaux que sociaux* », dépose une motion de censure, qui ne recueille, le 17, que 265 des 289 voix nécessaires pour renverser le gouvernement. Le texte est repoussé par le Sénat, qui adopte, le 26, une question préalable, puis considéré comme adopté en deuxième lecture, le 29, par l'Assemblée, après un nouvel engagement de la responsabilité du gouvernement (5, 6, du 11 au 19, 25, 28 et 30/VI-1er/VII, 2/VII).

19   Des déclarations de M. Jacques Chirac, constatant lors d'un dîner-débat à Orléans qu'il y a « *overdose d'étrangers* » et mentionnant « *le bruit et l'odeur* » qu'ils apportent dans les HLM, provoquent une polémique politique. M. Mitterrand, en visite à Issoudun, le 21, après avoir estimé que « *les raisonnements à connotation raciste sont un déni au respect que l'on doit aux gens* », évoque « *l'idée, le cas échéant, des droits civiques* » pour les étrangers en situation régulière (14, 18 et du 21 au 29/VI, 2 et 3/VII).

19   A l'Assemblée nationale, le gouvernement parvient à faire adopter en deuxième lecture le projet de réforme hospitalière grâce au ralliement de quelques députés centristes (4, du 6 au 10, 20 et 21).

20   Mme Cresson annonce une hausse de 2,3 % du SMIC au 1er juillet, respectant l'engagement pris par M. Rocard de faire évoluer le SMIC comme le salaire horaire (7, 8, 14 et du 18 au 28).

20   L'expulsion vers le Gabon d'un opposant politique marocain, M. Abdelmoumen Diouri, suscite de vives protestations jusqu'au sein du PS (du 22 au 29).

21   L'Assemblée nationale adopte en première lecture le projet de loi réformant le livre II du code pénal après avoir supprimé le délit d'homosexualité, qui avait été rétabli par les sénateurs, et avoir décidé que le harcèlement sexuel deviendrait passible d'une peine d'emprisonnement (22 et 23-24).

22 Mme Cresson, visitant le Salon aéronautique du Bourget, confirme le soutien du gouvernement à l'exportation du Mirage 2000-5 construit par Dassault. Mais la Suisse, à qui l'avion de combat français était proposé, décide, le 26, d'acquérir trente-quatre F-18 américains (7, du 13 au 22, 25, 27, 28 et 30/VI-1er/VII).

23 Une voiture japonaise, la Mazda 787 B, remporte pour la première fois les 24 Heures du Mans (25).

23-24 Des incidents violents opposent des fils de harkis aux forces de l'ordre après quatre jours de tension dans la cité des Oliviers à Narbonne. Tandis que le mouvement de contestation s'étend à plusieurs autres départements du Midi, le gouvernement s'engage à prendre des mesures en faveur des familles d'anciens harkis (du 25/VI au 2/VII).

24 Carrefour rachète Euromarché pour 5,2 milliards de francs, devenant ainsi le numéro un de la grande distribution française (25 et 26).

25 M. Jospin rend public le plan définitif de rénovation des lycées, qui va être appliqué progressivement à partir de la rentrée 1992. La réforme repose sur la simplification des filières générales et technologiques du lycée et du baccalauréat (6, 8, 9-10, 18, 26 et 27).

25 En mai, le déficit du commerce extérieur a été de 2 milliards de francs et les prix ont augmenté de 0,3 %. Quant au nombre des chômeurs, il subit une hausse record de 2 %, atteignant le niveau sans précédent de 2 688 900 (16-17, 26, 28 et 29).

26 M. Jospin présente ses propositions de rénovation pédagogique dans l'enseignement supérieur, qui prévoient une profonde réforme des premiers cycles afin de réduire les taux d'échec (16-17 et 27).

28 La loi réglementant les écoutes téléphoniques et celle qui réforme l'aide juridique sont définitivement votées par les députés après accord en commission mixte paritaire (2-3, 9-10, 12, 16-17, 27 et 30/VI-1er/VII).

28 A Barbotan (Gers), vingt personnes meurent asphyxiées après un incendie dans un établissement thermal (du 28/VI au 2/VII). ■

Étranger

1er ÉTATS-UNIS-URSS : MM. Baker et Bessmertnykh parviennent à régler le désaccord sur l'interprétation du traité de réduction des forces conventionnelles en Europe, signé à Paris en novembre 1990. Ce compromis met fin à plusieurs mois de blocage des négociations sur le désarmement (4, 6, 9-10, 12, 16-17 et 19).

1er-9 POLOGNE-VATICAN : Lors de sa quatrième visite en Pologne, Jean-Paul II appelle ses compatriotes à être les pionniers de la reconquête morale et chrétienne de l'Europe. Le rapprochement, fait par le pape, le 4, à Radom, entre l'Holocauste et l'avortement suscite une polémique (du 2 au 11).

3 ALLEMAGNE : La cour d'assises de Stuttgart condamne Susanne Albrecht, terroriste repentie de la Fraction armée rouge, à douze ans d'emprisonnement (5).

3 JAPON : L'éruption du volcan Unzen provoque la mort de quarante personnes, dont deux volcanologues français, Maurice et Katia Krafft (5, 6, 7, 11, 13, 19, 20, 21 et 25/VI, 2/VII).

3-5 ISRAËL - LIBAN : L'aviation israélienne lance une série de raids contre des bases palestiniennes au sud du Liban, les plus violents depuis l'invasion de juin 1982 (5, 6 et 7).

4 ALBANIE : Le gouvernement communiste démissionne après trois semaines de grève générale. M. Ylli Bufi, nouveau premier ministre nommé le 5, forme, le 11, un cabinet de coalition : pour la première fois depuis la seconde guerre mondiale, les communistes partagent le pouvoir avec l'opposition. Le 12, le Parti du travail (communiste) se transforme en Parti socialiste et annonce sa *« rénovation totale »*. Le 15, huit cents Albanais, qui tentaient de se réfugier en Italie, sont refoulés. Le 22, environ trois cent mille personnes acclament M. James Baker, qui effectue à Tirana la première visite d'un secrétaire d'État américain (du 4 au 11, 13, 14, 16-17, 23-24 et 25).

4 OEA : Les trente-quatre membres de l'Organisation des États américains signent, à Santiago du Chili, un *« engagement en faveur de la démocratie »*. A l'exception de Cuba, exclu de l'OEA en 1962, tous les gouvernements du continent sont issus des urnes, alors qu'en 1980, les deux tiers de la population latino-américaine vivaient sous des régimes militaires (5 ct 12).

5 URSS : M. Gorbatchev, prononçant à Oslo son discours de réception du prix Nobel de la paix, demande à l'Occident un *« soutien massif »* pour assurer la réussite de la perestroïka, affirmant que le sort de la paix dépend de cette réussite. Il obtient, le 13, une invitation à venir à Londres le 17 juillet *« immédiatement après »* le sommet des sept pays les plus industrialisés (du 2 au 8, 14, 16-17, 21 et 25).

6 LIBAN : Le gouvernement nomme 40 nouveaux députés afin de pourvoir les 31 sièges vacants (sur 99) et les 9 sièges créés pour des musulmans, qui sont désormais à égalité de sièges avec les chrétiens. Les dernières élections législatives ont eu lieu en 1972 (8).

6-7 OTAN : Les ministres des affaires étrangères des seize pays membres de l'alliance atlantique, réunis à Copenhague, approuvent les tentatives de l'Europe des Douze de se doter d'une politique de sécurité, tout en soulignant la nécessité d'instaurer une « *complémentarité* » à terme entre la rénovation de l'alliance et le projet européen de défense commune (du 5 au 10, 13, 19 et 23-24/VI, 2/VII).

8 CONGO : La conférence nationale, réunie depuis le 25 février à Brazzaville, nomme un nouveau premier ministre, M. André Milongo. M. Denis Sassou Nguesso, chef de l'État depuis 1979, est privé de la plupart de ses pouvoirs. Des élections législatives et présidentielle sont prévues en 1992 (11 et 12).

9 JORDANIE : Une charte nationale consacrant le pluralisme est adoptée par un congrès représentant tous les courants politiques. Un nouveau premier ministre, M. Taher Masri, qui est d'origine palestinienne, est nommé, le 18, par le roi Hussein (11, 19, 20 et 21/VI, 2/VII).

9-10 ITALIE : Lors du référendum sur un projet de réforme de la loi électorale visant à réduire les risques de fraude et de manipulation par la Mafia, le « oui » remporte 95,6 % avec une participation de 62,5 % (7, 9-10, 12 et 28).

10 ÉTATS-UNIS : New-York célèbre les soldats vainqueurs de la guerre du Golfe par la plus grande parade que la ville ait connue. Plus de 4 millions de personnes acclament les « *héros* » qui défilent dans la partie sud de Broadway (9-10 et 12).

10 FINANCES MONDIALES : Le dollar franchit la barre des 6 F à Paris, retrouvant ses niveaux de décembre 1989. Il monte jusqu'à 1,83 DM et 6,21 F le

4 juillet (+ 25 % depuis le 12 février), mais ensuite la tendance s'inverse en raison de l'absence de reprise de l'économie américaine (2-3, 9-10, 11, du 16 au 27 et 30/VI-1er/VII).

10 MADAGASCAR : Des manifestations contre le régime du président Ratsiraka sont organisées par l'opposition à Tananarive. Les jours suivants, elles rassemblent des dizaines de milliers de personnes quotidiennement sur la place du 13-Mai, en plein centre de la capitale (du 12 au 14, 16-17, du 20 au 28 et 30/VI-1er/VII).

11 ÉTATS-UNIS-URSS : Le président Bush accepte que soit accordée à l'URSS une garantie de crédit de 1,5 milliard de dollars pour l'achat de produits agricoles américains (5, 13 et 14).

12 TOGO : Le président Eyadéma accepte la tenue d'une conférence nationale après une grève générale illimitée déclenchée le 6 par l'opposition et de violents affrontements à Lomé les 10 et 11 (4, 12, 13, 14 et 19).

12 URSS : Lors de la première élection présidentielle au suffrage universel, M. Boris Eltsine est élu dès le premier tour à la tête de la Fédération de Russie, avec 57,3 % des suffrages. De même, les maires réformateurs de Moscou et de Leningrad, MM. Gavriil Popov et Anatoli Sobtchak, sont confirmés par le suffrage universel, avec respectivement 65 % et 69 % des voix. A Leningrad, plus de 54 % des votants souhaitent que le nom de la ville redevienne Saint-Pétersbourg. Le 20, M. Bush reçoit M. Eltsine à Washington, tout en renouvelant son soutien à M. Gorbatchev (2-3, 4 et du 8 au 24).

12-14 EUROPE : Prague accueille les premières Assises de la confédération européenne, qui réunissent, sur l'initiative de M. Mitterrand, cent cinquante personnalités des lettres, des arts, de la politique et des affaires. Dans son discours de clôture, le 14, M. Mitterrand réduit, face aux critiques, les ambitions de son projet, dont il avait lancé l'idée le 31 décembre 1989 (13, 14, 16-17, 19, 21, 23-24 et 25/VI, 3/VII).

12-15 INDE : Aux élections législatives, qui avaient été repoussées après l'assassinat, le 21 mai, de Rajiv Gandhi, son parti, le Congrès, arrive en tête mais n'obtient pas la majorité absolue, avec 223 (+ 30) des 511 sièges à pourvoir. Le Bharatiya Janata Party (droite hindouiste), qui était passé de 2 à 88 sièges aux élections de novembre 1989, devient le deuxième parti du pays avec 119 sièges, tandis que le Janata Dal de M. V.P. Singh, premier ministre de décembre 1989 à novembre 1990, passe de 141 à 52 sièges. M. P.V. Narasimha Rao, élu le 29 mai à la présidence du Parti du Congrès, est nommé, le 21, premier ministre. Il forme, le 23, un gouvernement, dont tous les ministres sont membres du Parti du Congrès (8, 9-10, 13, 18, 19, 21, 22, 25 et 28).

14 CEE - SUÈDE : M. Ingvar Carlsson, premier ministre suédois, annonce pour le 1er juillet le dépôt officiel de la demande d'adhésion de son pays à la Communauté européenne (16-17/VI et 3/VII).

14 PHILIPPINES : L'éruption du volcan Pinatubo, qui s'est réveillé après six siècles de sommeil, fait ses premières victimes. Pendant plusieurs semaines, de violentes explosions et des coulées de boue provoquent plus de 700 morts et l'exode d'1 million de personnes (11, 13, 14, du 16 au 21 et 25/VI, 2/VII).

16-21 ITALIE : La septième conférence internationale sur le sida, qui réunit huit mille spécialistes à Florence, confirme que le vaccin universel contre la maladie reste une perspective éloignée, alors que dix millions de personnes ont été contaminées par le virus (16-17 et du 19 au 24).

17 ALLEMAGNE - POLOGNE : Un traité de coopération et de bon voisinage est signé à Bonn par le chancelier Kohl et M. Bielecki, premier ministre polonais (18 et 19).

17 IRAK : Le Conseil de sécurité de l'ONU vote une résolution imposant à l'Irak de prendre à sa charge l'élimination, prévue par la résolution du 3 avril, de ses armes de destruction massive. Dans une déclaration adoptée le 28, le Conseil ordonne à l'Irak de ne plus empêcher les experts de l'ONU d'inspecter ses sites nucléaires (2-3, 5, 9-10, 13, 19, 23-24 et du 26/VI au 2/VII).

17 IRLANDE DU NORD : Des pourparlers politiques entre des représentants de tous les partis légaux, catholiques et protestants, qui devaient s'ouvrir le 30 avril pour la première fois depuis 1974, commencent avec sept semaines de retard à Belfast (19 et 26/IV, 8, 17, 22 et 24/V, 7 et 18/VI).

17 URSS : M. Gorbatchev et les dirigeants de neuf Républiques s'entendent sur un projet de traité de l'Union, après une série de réunions, commencée le 23 avril, à Novo-Ogarevo, près de Moscou. Mais, le 27, le Parlement ukrainien renvoie à septembre l'examen de ce projet, dont l'adoption conditionne le lancement de réformes économiques coordonnées au niveau fédéral (5, 18, 19, 20, 27 et 29).

18-19 EUROPE : Lors de la conférence célébrant à La Haye les cinq ans d'Eurêka, M. Mitterrand, initiateur du projet, invite les pays de l'Est à rejoindre les dix-neuf membres de cet *« espace européen de la recherche et de la technologie »* (19 et 20).

19 COLOMBIE : Pablo Escobar et plusieurs autres narcotrafiquants membres du cartel de Medellin se rendent après avoir reçu l'assurance des autorités qu'ils ne seraient pas extradés vers les États-Unis. Ils sont incarcérés dans une prison spéciale, près de Medellin (2-3, 13, 14, 16-17 et du 21 au 25/VI, 2/VII).

19 HONGRIE ET TCHÉCOSLOVAQUIE : Les troupes soviétiques achèvent leur retrait de Hongrie et de Tchécoslovaquie, sans que soit réglé l'important contentieux financier entre l'URSS et ses anciens vassaux (11, 18 et 26).

19-20   CSCE : Le conseil des ministres des affaires étrangères de la Conférence sur la sécurité et la coopération en Europe décide, lors de sa première réunion, à Berlin, d'admettre l'Albanie comme trente-cinquième membre. Un mécanisme « *de consultation et de coopération* » pour les « *situations d'urgence* » est adopté, mais l'URSS obtient que le « *principe de non-intervention dans les affaires intérieures* » soit réaffirmé. Le 18, M. James Baker, secrétaire d'État américain, avait prôné la création d'une « *communauté euro-atlantique* », reposant sur trois piliers : l'OTAN, la CEE et la CSCE (du 19 au 22).

20   ALLEMAGNE : Les députés votent par 336 voix contre 321 en faveur du transfert de Bonn à Berlin du siège du gouvernement et du Bundestag (11, 20, 21 et 22).

20   KOWEÏT : Les procès pour collaboration avec l'occupant irakien, commencés le 19 mai devant un tribunal d'exception à Koweït, s'achèvent : vingt-neuf des trois cents accusés ont été condamnés à mort, mais, après de vives critiques internationales, leur peine est commuée, le 26, en détention à vie (21, 23, 28 et 29/V, 4, 6, 9-10, 11, 13 et du 16 au 28/VI).

21   AUTRICHE : Le président Kurt Waldheim, élu en juin 1986 malgré la polémique sur son passé dans l'armée hitlérienne, renonce à briguer un second mandat en 1992 (18, 23-24 et 26).

23   TURQUIE : M. Mesut Yilmaz forme un gouvernement rajeuni, après la démission, le 26, de M. Yildirim Akbulut, premier ministre depuis novembre 1989 (18, 19 et 25).

23-26   CAMBODGE : Le Conseil national suprême (CNS), qui regroupe depuis septembre 1990 des représentants des quatre factions khmères, se réunit à Pattaya, en Thaïlande, pour la première fois sous la présidence de fait du prince Sihanouk. Un accord est conclu, qui prévoit un cessez-le-feu permanent, un arrêt des aides militaires étrangères et l'installation du siège du CNS à Phnom-Penh (4, 5, 8, 11, 12, 13, 21 et du 25/VI au 1er/VII).

24 CEE : Les Douze parviennent à un accord sur le rapprochement des taux de TVA : le taux minimum normal est fixé à 15 % (5, 12 et 26).

24 FRANCE - GRANDE - BRETAGNE : 15e sommet franco-britannique à Dunkerque (19, 23-24 et 26).

24-27 VIETNAM : Le 7e congrès du Parti communiste élit un bureau politique rajeuni, dont huit membres sur treize sont nouveaux. M. Do Muoi, premier ministre depuis juin 1988, succède à M. Nguyen Van Linh comme secrétaire général. Le 9 août, M. Vo Van Kiet remplace M. Do Muoi à la tête du gouvernement (du 21 au 25 et 28/VI, 10 et 11-12/VIII).

25 YOUGOSLAVIE : La Croatie puis la Slovénie proclament leur indépendance et leur « *dissociation* » de la Fédération yougoslave. Le 27, l'armée yougoslave intervient en Slovénie pour « *prendre le contrôle des postes-frontières* » avec l'Italie, l'Autriche et la Hongrie. Tandis que les combats font, jusqu'au 30, près de quarante morts, les ministres des affaires étrangères luxembourgeois, italien et néerlandais (la « troïka » de la CEE) se rendent à Belgrade et à Zagreb, le 28, puis le 30, pour tenter de désamorcer la crise. Au sein de la CSCE, le mécanisme de crise adopté le 20 à Berlin est enclenché. Le 30, un fragile compromis est conclu, qui prévoit la cessation des hostilités et la suspension pour trois mois des déclarations d'indépendance croates et slovènes. M. Stipe Mesic, Croate, est élu à la tête de la présidence collégiale de la Fédération, alors que la

Serbie bloquait depuis le 15 mai sa nomination (4, 8, 12, 14, 19, 21 et à partir du 23).

27   AFRIQUE DU SUD : Après le vote du Parlement, le président Frederik De Klerk signe l'abrogation des trois dernières lois qui régissaient l'apartheid, institué en 1948 (7, 8, 11, 12, 18, 19, 21, 25, 27 et 29).

28   COMECON : L'alliance économique créée en 1949 et qui regroupe six pays d'Europe de l'Est, la Mongolie, le Vietnam et Cuba est officiellement dissoute (29).

28-29   CEE : Le conseil européen de Luxembourg, surtout consacré à la crise yougoslave, ne permet aucun progrès dans les négociations sur l'union politique et sur l'union économique et monétaire, la position britannique demeurant très restrictive (2-3, 5, 11, 13 et du 16/VI au 3/VII).   ■

ÉTAT DE SIÈGE
EN ALGÉRIE

Le 1er, s'ouvre officiellement la campagne électorale pour les premières élections législatives pluralistes, fixées aux 27 juin et 18 juillet. Dans une allocution télévisée, le 2, le président Chadli appelle les électeurs à ne pas se laisser entraîner par les « *fauteurs de troubles* », alors que le Front islamique du salut (FIS) a engagé une épreuve de force avec le pouvoir en appelant à une grève générale illimitée à partir du 25 mai pour protester contre une « *loi électorale et un découpage injustes* ».

Le 4, à l'aube, les forces de police interviennent pour déloger les islamistes qui occupaient depuis plusieurs jours des places d'Alger. Il s'ensuit des affrontements très violents dans le centre d'Alger, qui font dix-sept morts, selon un bilan officiel publié le 13.

Le 5, à 0 heure, le président Chadli instaure l'état de siège et l'armée est chargée du maintien de l'ordre. Les législatives sont « *reportées à une date ultérieure* ». M. Mouloud Hamrouche, premier ministre depuis septembre 1989, est renvoyé et remplacé par M. Sid Ahmed Ghozali, ministre des affaires étrangères. Un couvre-feu est instauré, le 6, de 23 heures à 3 h 30 à Alger et dans trois départements limitrophes.

Le 7, alors que le calme semble revenu à Alger, le FIS annule son mot d'ordre de grève générale après avoir obtenu la promesse d'une élection présidentielle anticipée. De plus, M. Ghozali s'engage, le 9, à organiser des élections législatives « *loyales et propres* » avant la fin de l'année.

Le 18, M. Ghozali annonce la composition de son gouvernement. Il comprend surtout des techniciens et n'est plus dominé par le FLN : seulement huit des vingt-neuf ministres sont membres de l'ancien parti unique, au pouvoir depuis l'indépendance. Un délégué aux droits de l'homme et deux femmes en font partie.

Les 25 et 26, en particulier la nuit, des affrontements entre les forces de l'ordre et de jeunes islamistes qui bravent le couvre-feu font au moins sept morts dans les quartiers populaires d'Alger et de sa banlieue. L'armée, le 26, puis le premier ministre, le 27, adressent de fermes mises en garde aux intégristes, qui entretiennent la tension, à Alger, mais aussi en province. Dans la nuit du 29 au 30, de nouvelles émeutes éclatent à Belcourt, un quartier d'Alger.

Le 30, l'armée arrête MM. Abassi Madani et Ali Benhadj, les deux principaux dirigeants du FIS. Leur prochaine comparution en justice pour « *conspiration armée contre la sécurité de l'État* » est annoncée, tandis que des centaines de cadres et de militants du FIS sont aussi arrêtés les jours suivants dans tout le pays. La rue ne réagit pas à ces arrestations (du 2 au 12, du 16 au 20, 22, 23-24 et à partir du 26).   ■

Culture

6   M. Jack Lang présente les aménagements prévus pour le Palais du cinéma et de l'image, qui doit être installé dans le Palais de Tokyo à Paris et inauguré en 1995, année du centenaire du cinéma (7).

6   Mort d'Antoine Blondin, écrivain (8).

6   Mort de Stan Getz, saxophoniste américain (8).

8   *La Tragédie du roi Christophe*, d'Aimé Césaire, entre au répertoire de la Comédie-Française, dans une mise en scène du cinéaste Idrissa Ouedraogo (8 et 13).

9   Mort de Claudio Arrau, pianiste chilien (11).

10   Mort de Jean Bruller, dit Vercors, écrivain (12 et 13).

13   François Sureau, pour *l'Infortune* (Gallimard), obtient le Grand Prix du roman de l'Académie française (16-17).

14   Mort de Peggy Ashcroft, actrice britannique (16-17).

20   José Cabanis, reçu à l'Académie française par Jacques de Bourbon-Busset, prononce l'éloge de Thierry Maulnier (22 et 23-24).

20   Une exposition consacrée aux dernières œuvres de Jean Dubuffet inaugure le nouveau Jeu de paume, ancien musée de l'impressionnisme qui a été réaménagé en galerie d'art contemporain (13).

27   Bob Wilson met en scène *la Flûte enchantée*, de Mozart, à l'Opéra-Bastille (29).

29   Mort d'Henri Lefebvre, philosophe et sociologue (2/VII).   ■

Juillet

- La guerre commence en Croatie

- Dissolution du pacte de Varsovie

- Mikhaïl Gorbatchev au sommet des Sept à Londres

- Le scandale bancaire de la BCCI

- En France, un plan gouvernemental pour contenir l'immigration

- Les enfants de harkis continuent de manifester malgré l'annonce de mesures en leur faveur

France

1ᵉʳ Le rapport annuel du CERC sur l'évolution des revenus des Français établit qu'en 1990 la rémunération du travail (+ 3,2 %) a progressé plus vite que celle du patrimoine (+ 2,4 %) (2 et 3).

1ᵉʳ-2 La première conférence ministérielle entre producteurs et consommateurs de pétrole rassemble à Paris les représentants de vingt-cinq pays, sur l'initiative de la France et du Venezuela (2 et 4).

3 La loi d'orientation sur la ville et la réforme hospitalière sont définitivement votées à l'Assemblée nationale, la première grâce à l'abstention du PC et la seconde grâce au soutien de quelques députés centristes (2 et du 4 au 8).

3 Les négociations entre le patronat et les syndicats sur la formation professionnelle aboutissent à un accord qui est signé par tous les partenaires sociaux, sauf la CGT (4 et 7-8).

3 Mᵐᵉ Martine Aubry, ministre du travail, présente son plan de lutte contre le chômage, qui prévoit de rendre plus efficaces les dispositifs existants afin de favoriser l'insertion et la création d'emplois pour les plus défavorisés (4, 5, 9 et 11).

4 La loi portant diverses dispositions d'ordre économique et financier, qui prévoit des économies budgétaires, est considérée comme définitivement adoptée, aucune motion de censure n'ayant été déposée après l'engagement, le 3, de la responsabilité du gouvernement, pour la troisième fois, sur ce texte (du 2 au 8 et 26).

4 M. Charles Pasqua (RPR) propose des quotas d'étrangers par nationalité et par profession, en assurant que « *prétendre que la France n'a pas besoin d'immigrants est un non-sens* » (6, 9, 10 et 16).

4 Le conseil régional Rhône-Alpes adopte un plan proposé par son président, M. Charles Millon (UDF), visant à donner aux lycées les moyens de leur autonomie. Le 22 juin, 26,74 % des 42 000 élus de la région avaient participé à un référendum sur ce sujet (23-24 et 25/VI, 6/VII).

5 La session extraordinaire du Parlement, ouverte le 2, s'achève après l'adoption définitive par les députés unanimes d'une proposition de loi de M. Fabius autorisant la publicité des auditions des commissions d'enquête parlementaire (2, 4, 5, 7-8, 12 et 27).

5 M. Valéry Giscard d'Estaing, parlant à La Bourboule devant les adhérents directs de l'UDF, affirme que « *la France est dans la panade* » et que « *tout se déglingue* » (7-8 et 9).

5 Les clubs de football de Bordeaux, Brest et Nice sont relégués en deuxième division du championnat de France en raison de leurs difficultés financières (4, 7-8, 14-15, 19, 20 et 23).

6 Le comité directeur du PS entérine la proposition de M. Pierre Mauroy de convoquer un congrès extraordinaire sur le « projet » socialiste en décembre et de repousser le congrès ordinaire de 1992 à 1993 (27, 28 et 29/VI, du 3 au 9/VII).

8-9 Une première réunion rassemble à Paris des

hauts fonctionnaires des cinq pays membres permanents du Conseil de sécurité de l'ONU, qui sont aussi les principaux producteurs et exportateurs d'armes, pour tenter de moraliser le commerce des armes, en particulier à destination du Proche-Orient (3, 4, 6, du 9 au 13, 17, 18 et 31).

9 L'entrée du groupe informatique japonais NEC dans le capital de l'entreprise publique Bull à hauteur de 4,7 % est acceptée par le gouvernement qui l'avait bloquée en mai (10).

10 Mme Édith Cresson présente devant le conseil des ministres un dispositif de maîtrise de l'immigration. M. Mitterrand souligne que, en dépit d'une fermeté accrue, il n'y a pas de « *changement de cap* », alors que l'évocation par Mme Cresson, lors d'un entretien diffusé le 8 par TF 1, d'un recours à des vols spéciaux (charters) pour expulser les étrangers en situation irrégulière avait suscité une vive inquiétude à gauche et relancé la polémique politique sur la question de l'immigration (du 7 au 13, 16, 17, 20, 23, 24 et du 30/VII au 1er/VIII).

10 Le tribunal administratif de Paris désavoue la procédure d'« urgence absolue » utilisée par le gouvernement pour expulser vers le Gabon, le 20 juin, un opposant marocain, M. Abdelmoumen Diouri, et ordonne le sursis à exécution de l'arrêté d'expulsion. M. Diouri est de retour en France le 16 (3, 4, 6, du 12 au 17, 21-22 et 28-29).

10 Le conseil des ministres approuve un projet de loi qui prévoit de réduire de douze à dix mois la durée du service militaire et d'affecter des recrues à la sécurité civile (11).

11 Goupil, dernier constructeur informatique privé français, est mis en liquidation judiciaire (19/VI, 2, 3, 4, 12, 13, 26, 28-29 et 30/VII).

12 Mme Cresson annonce une « *première série de*

mesures d'application immédiate » en faveur des familles d'anciens harkis. Le dispositif gouvernemental est complété le 17, mais ces décisions sont jugées insuffisantes et le mouvement de protestation des fils de harkis se poursuit dans plusieurs régions du sud de la France (à partir du 2).

12 Le gouvernement renonce à développer le missile nucléaire mobile S 45 qui devait remplacer les missiles sol-sol enterrés du plateau d'Albion (du 21 au 27 et 31).

12 1 296 détenus sont libérés avec dix jours d'avance en raison d'une grâce collective accordée par M. Mitterrand pour le 14 juillet (10, 11 et 18).

14 M. Mitterrand, lors de son traditionnel entretien télévisé du 14 juillet en direct de l'Élysée, rend hommage à Mme Cresson, louant son « *courage* », sa « *fermeté* », sa « *résolution* », son « *bon sens* ». A propos des critiques sur son « *parler cru* », il estime « *sain d'avoir un premier ministre qui parle clairement* ». Le chef de l'État n'exclut pas une réforme du mode de scrutin pour les cantonales et les régionales de mars 1992 (du 14 au 23, 25 et 26).

14 Trois mille hommes de la division « Daguet », qui a combattu dans le Golfe, sont les vedettes du défilé militaire du 14 juillet sur les Champs-Élysées à Paris (13 et 16).

15 Afin de renforcer les moyens de deux groupes publics, deux banques nationalisées, le Crédit lyonnais, le 15, puis la BNP, le 17, annoncent leur entrée dans le capital, l'un d'Usinor-Sacilor pour un montant de 2,5 milliards de francs et l'autre d'Air France pour 1,25 milliard (16, 18 et 19/VII, 1er et 3/VIII, 30/XI).

18 Les pouvoirs publics avalisent le plan de reprise de VEV-Prouvost, mis au point par les banques créancières pour éviter au troisième groupe textile français le dépôt de bilan (6, 7-8, 9, 14-15, 17, 18, 25 et 26/VII, 1er/VIII).

18 Un rapport de l'OCDE constate la chute de la syndicalisation. Des vingt-quatre pays membres de l'organisation, c'est la France (41,6 % de recul des effectifs de 1980 à 1989) qui, avec 12 %, a le plus faible pourcentage de syndiqués (23).

22 M. Pierre Joxe estime que les effectifs de l'armée de terre vont passer de 280 000 hommes à moins de 230 000 hommes en six ans (24 et 27).

23 Une circulaire est publiée pour régulariser la situation des demandeurs d'asile qui se sont vu refuser le statut de réfugié. Mais, selon les associations qui les soutiennent, à peine 15 % des 100 000 « déboutés » remplissent les conditions imposées par le gouvernement (2, du 7 au 12, 20, 24, 27 et 30/VII, 9 et 11-12/VIII).

23 En juin, le déficit du commerce extérieur a atteint 3,8 milliards de francs, le nombre de chômeurs s'est accru de 1,2 % et les prix ont augmenté de 0,2 % (17, 18, 24 et 27/VII, 1er/VIII).

28 L'Espagnol Miguel Indurain remporte le Tour de France cyliste (6 et du 9 au 30).

29 Le Conseil constitutionnel annule un article de la loi sur la réforme hospitalière, jugeant que le mode de désignation différent pour les chefs de service ou de département est « *contraire au principe d'égalité* » (5, 7-8 et 31).

29 Sud-Marine, groupe marseillais de réparation navale et de construction offshore, est mis en liquidation judiciaire (2, 3, 13, 25 et 31/VII, 1er/VIII).

31 Le gouvernement renonce, sous la pression des écologistes, à construire deux des cinq barrages projetés pour l'aménagement du bassin de la Loire (2, 3 et 8).

Étranger

1er ÉTATS-UNIS : Le président Bush désigne à la Cour suprême M. Clarence Thomas, un juge noir et conservateur, pour remplacer M. Thurgood Marshall, un juge noir et libéral qui avait démissionné le 27 juin (29/VI et 3/VII).

1er JAPON : Le taux d'escompte est ramené de 6 % à 5,5 %. Inchangé depuis dix mois, il est abaissé pour la première fois depuis février 1987 (2 et 3).

1er PACTE DE VARSOVIE : L'alliance entre les pays d'Europe de l'Est est totalement dissoute, malgré la volonté de l'URSS de conserver ses structures politiques (2 et 3).

1er URSS : Le Parlement soviétique adopte la loi sur les privatisations au terme de débats houleux entre réformateurs et conservateurs (26/VI et 3/VII).

1er-4 LIBAN : L'armée se déploie vers le sud. Dans la région de Saïda, elle impose ses conditions aux Palestiniens après les avoir vaincus dans de violents combats (du 1er au 12).

1er-5 ÉTHIOPIE : La conférence nationale réunie à Addis-Abeba prévoit des élections démocratiques en 1993 ainsi qu'un référendum d'autodétermination en Érythrée avant deux ans. Les anciens rebelles tigréens conservent l'essentiel du pouvoir qui leur a été confié fin mai. Le 23, M. Meles Zenawi, président par intérim, est confirmé à la tête de l'État pour deux ans (3, du 5 au 8 et 24/VII, 1er/VIII).

2 BURKINA-FASO : Une nouvelle Constitution, qui prévoit l'instauration du multipartisme, est approuvée par référendum (28-29).

3 ÉTATS-UNIS : IBM, numéro un mondial de

l'informatique, conclut une alliance technologique avec son grand rival, Apple. Il annonce aussi, le 4, un accord de coopération avec l'allemand Siemens dans les composants électroniques (5).

3 IRLANDE DU NORD : Les discussions multipartites commencées le 17 juin à Belfast entre protestants et catholiques s'achèvent sur un échec (4 et 5).

5 SCANDALE FINANCIER : Les activités de la Bank of Credit and Commerce International (BCCI) dans plusieurs pays sont suspendues grâce à une action internationale concertée et coordonnée par la Banque d'Angleterre, après la découverte de « *fraudes à grande échelle* ». Alors que le « trou » financier pourrait dépasser les 60 milliards de francs, la BCCI, implantée dans soixante-neuf pays et dont le principal actionnaire (77 %) est l'émirat d'Abou-Dhabi, serait impliquée dans des affaires de drogue, de terrorisme et d'espionnage, en particulier aux États-Unis (du 7 au 11, du 14 au 19 et à partir du 21).

6-7 GRANDE-BRETAGNE : Deux Allemands, Steffi Graf, le 6, et Michael Stich, le 7, remportent les Internationaux de tennis de Wimbledon (du 27/VI au 9/VII).

8 JAPON : Les quatre plus grandes maisons de courtage sont sanctionnées pour avoir accordé à leurs plus gros clients des garanties de dédommagement en cas de pertes boursières (25/VI, 10, 11, 23, 24, 27 et 30/VII, 3, 6, 7 et 10/VIII).

10 AFRIQUE DU SUD : M. Bush annonce la levée partielle des sanctions économiques américaines imposées depuis septembre 1986. Après la fin officielle de l'apartheid, en juin, le pays a aussi été réintégré, le 9, au sein du mouvement olympique, dont il avait été exclu en 1970 (9, 11, 12 et 18).

11 AMÉRIQUE : Une éclipse totale du soleil est

observée par des dizaines de millions de personnes d'Hawaï au Brésil (10 et 13).

11 CHINE : Le gouvernement lance un appel à l'aide internationale après les inondations catastrophiques qui ont fait près de deux mille morts et des millions de sinistrés dans plusieurs provinces du Centre et de l'Est (10, 16, 21-22, 24 et 28-29/VII, 3/VIII).

11 FRANCE - TUNISIE : M. Mitterrand, lors d'une courte visite à Tunis, annonce un sommet méditerranéen pour le début de 1992 (12 et 13).

12 IRAK : Washington, Paris et Londres menacent l'Irak d'une nouvelle intervention militaire s'il continue à refuser de dévoiler la totalité de son potentiel nucléaire, alors que les missions d'inspection envoyées sur place sont parvenues, malgré les obstacles, à mettre au jour un programme de fabrication de la bombe atomique assez avancé (du 2/VII au 1er/VIII).

12 MAURITANIE : Une nouvelle Constitution, qui consacre le processus de démocratisation engagé par le régime militaire, est approuvée par référendum (11/VI, 16, 27 et 31/VII, 1er/VIII).

12 TURQUIE : Lors d'une opération antiterroriste, dix militants d'extrême gauche sont tués par la police à Istanbul, tandis que la répression contre les séparatistes kurdes s'intensifie dans le sud-est du pays (du 12 au 17).

14 PROCHE-ORIENT : Le président syrien Hafez El Assad accepte les propositions américaines pour un règlement de paix, qui prévoient une conférence régionale sous l'égide des États-Unis et de l'URSS, suivie de négociations directes entre Israël et les pays arabes. Saluant ce « *grand changement politique* », M. James Baker, secrétaire d'État américain, se rend de nouveau, du 18 au 22, en Syrie, en Égypte, en Jordanie, en Arabie saoudite et en Israël. Malgré les réticences israéliennes sur la question de la représentation palestinienne, la conférence de paix est convoquée pour octobre par MM. Bush et Gorbatchev, le 31, lors du sommet de Moscou (16, 17 et à partir du 19).

15 ÉTATS-UNIS : La fusion de Chemical Bank et de Manufacturers Hanover donne naissance au deuxième groupe bancaire américain, derrière Citicorp. Le 25, deux autres banques, NCNB et C&S/ Sovran, se regroupent et deviennent le numéro trois du secteur, qui a été très atteint par la crise économique (17 et 24).

15 IRAK : Les forces militaires alliées présentes dans le nord de l'Irak depuis près de trois mois pour protéger la population kurde achèvent leur retrait. La plupart des Kurdes réfugiés en Turquie sont rentrés chez eux, mais il en reste au moins 500 000 à la frontière iranienne. Au Kurdistan irakien, des « casques bleus » de l'ONU, faiblement armés, se sont déployés, mais les alliés ont décidé de constituer une force « *de déploiement rapide* » d'environ 3 000 hommes installée en Turquie, près de la frontière irakienne. Le 18, les combattants kurdes reprennent le contrôle de Souleymanieh après de violents affrontements avec l'armée irakienne (2, 6, 7-8, du 12 au 17, 21-22, 23, 26 et du 31/VII au 2/VIII).

15 KOWEÏT : Le gouvernement annonce son intention d'emprunter à l'étranger jusqu'à 200 milliards de francs pour financer la reconstruction du pays (17).

15-17 SOMMET DE LONDRES : Les chefs d'État et de gouvernement des sept principaux pays industrialisés, réunis à Londres pour leur sommet annuel, consacrent l'essentiel de leurs débats aux projets d'aide à l'URSS. La déclaration politique adoptée le 16 confirme leur soutien aux réformes dans ce pays et exprime leur volonté de « *rendre les Nations unies plus fortes* », en particulier pour faire face aux

« *situations d'urgence* ». Une déclaration séparée porte sur le contrôle des ventes d'armes. Dans la déclaration économique finale, les Sept s'engagent à conclure les négociations commerciales multilatérales de l'Uruguay Round avant la fin de l'année et souhaitent des « *mesures additionnelles d'allégement* » de la dette pour les pays les plus pauvres. Le 17, à l'issue du sommet, ils reçoivent M. Gorbatchev, invité à Londres à sa demande et mandaté, le 8, par les dirigeants de neuf Républiques soviétiques (sur quinze). Un accord en six points est conclu pour accompagner la transition de l'URSS vers l'économie de marché, mais il ne prévoit aucune aide financière immédiate (4 et du 6 au 20).

16   ESPACE : La fusée Ariane met sur orbite le satellite européen ERS-1 d'observation de l'environnement terrestre (17 et 18).

17   CAMBODGE : Le prince Norodom Sihanouk est officiellement élu à la présidence du Conseil national suprême (CNS), réuni pour la première fois à Pékin et qui prévoit de s'installer en novembre à Phnom-Penh. Après l'accord de Pattaya (Thaïlande) fin juin, le déblocage des négociations intercambodgiennes a pu être obtenu grâce à un rapprochement entre les « frères ennemis » communistes de la Chine et du Vietnam (6, 14-15, 17, du 19 au 22, 25, 26, 28-29 et 31).

17   ÉTATS-UNIS - PHILIPPINES : Un accord de principe est conclu sur l'avenir des bases militaires américaines aux Philippines, après deux ans de négociations. Il prévoit la fermeture avant septembre 1992 de la base aérienne de Clark, très endommagée en juin par l'éruption du volcan Pinatubo, et le renouvellement pour dix ans du bail de la base navale de Subic-Bay (du 17 au 20).

18   FRANCE - ÉTATS-UNIS : Le groupe français d'assurances AXA investit 6 milliards de francs pour devenir le principal actionnaire d'Equitable Life, quatrième assureur américain (19 et 20).

18-19 MEXIQUE : Le premier sommet ibéro-américain rassemble à Guadalajara les chefs d'État de dix-neuf pays latino-américains avec le roi d'Espagne, le président portugais et les premiers ministres espagnol et portugais. Malgré les pressions des autres participants, M. Fidel Castro n'envisage aucune réforme démocratique à Cuba (16, 18 et 21-22).

18-22 ÉTATS-UNIS - GRÈCE ET TURQUIE : M. Bush est le premier chef d'État américain depuis 1959 à se rendre en visite officielle en Grèce, du 18 au 20, et en Turquie, du 20 au 22 (20, 21-22 et 24).

19 AFRIQUE DU SUD : Le versement par le gouvernement d'un soutien financier à l'Inkatha, parti à dominante zouloue opposé à l'ANC, est révélé par la presse. Le scandale de l' « Inkathagate » provoque un remaniement ministériel, le 29, ainsi que l'engagement du président De Klerk, le 30, d'annuler toute distribution de fonds secrets aux partis politiques (21-22, 23, 25, du 27/VII au 1er et 3/VIII).

20 URSS : M. Boris Eltsine publie un décret qui interdit l'activité des partis politiques au sein des entreprises et des administrations de la Russie. Le PC critique vivement cette mesure, qu'il juge anticonstitutionnelle (23, 24 et du 26 au 30/VII, 7/VIII).

23 FRANCE - ALLEMAGNE : Daimler-Benz signe un accord avec les actionnaires de Sogeti, société mère du groupe français Cap Gemini Sogeti, numéro un européen pour les services informatiques. Cet accord prévoit que le géant industriel allemand achète 34 % du capital de Sogeti, dont il pourra prendre le contrôle majoritaire en 1995 (9 et 25).

23 MADAGASCAR : Le président Didier Ratsiraka décrète l'état d'urgence, alors que des manifestations massives ont lieu quotidiennement à Tananarive depuis le 10 juin, qu'une grève générale est très suivie depuis le 8 juillet et que le Comité des forces vives, qui regroupe l'opposition, a formé, le 22, un gouvernement de transition, organisant même l'occupation de certains ministères. Les jours suivants, l'armée n'empêche pas les manifestations, devenues interdites, et, le 28, M. Ratsiraka sort d'un long silence : il dissout son gouvernement et promet une nouvelle Constitution. L'opposition rejette ces concessions et continue à exiger son départ (3, 4, 6, du 9 au 15, 17, 18, 19 et à partir du 21).

24 INDE : Le gouvernement porte de 40 % à 51 % la limite autorisée des investissements étrangers dans le capital des entreprises indiennes (30 et 31).

25 ÉTATS-UNIS : La Maison Blanche annonce qu'aucune nouvelle navette spatiale ne sera plus construite (27).

25-26 URSS : M. Gorbatchev fait approuver par le plénum du PC son projet de programme du parti, qui doit être adopté par un congrès avant la fin de l'année. Ce projet, qui prône un « *socialisme démocratique humain* », rompt avec le marxisme (du 25 au 30).

26 CEE - JAPON : Les Douze approuvent un compromis sur les importations d'automobiles japonaises, après dix-huit mois de négociations houleuses. Tokyo accepte, le 31, ces propositions, qui prévoient l'ouverture progressive du marché européen et la suppression en l'an 2000 du système des quotas (11, 12, 14-15, 20, 24 et du 26 au 30/VII, 1er, 2 et 3/VIII).

29 URSS : La Russie reconnaît l'indépendance de la Lituanie (20 et 31).

30 AFGHANISTAN : A l'issue d'une réunion entre les mouvements de la résistance afghane, le Pakistan et l'Iran, à Islamabad, les moudjahidins afghans acceptent que le plan de paix de l'ONU, présenté le 21 mai par M. Perez de Cuellar, serve de base au règlement du conflit (6, 18 et 26/VII, 1er/VIII).

30 NOUVELLE-ZÉLANDE : Le gouvernement conservateur présente un budget qui prévoit de renoncer à la politique de protection sociale en vigueur depuis près d'un siècle (4-5/VIII).

30-31 ÉTATS-UNIS - URSS : MM. Bush et Gorbatchev, réunis à Moscou pour leur quatrième sommet qualifié de « *premier sommet de l'après-guerre froide* », souhaitent établir un « *partenariat durable* ». Le 30, M. Bush annonce que la clause de la nation la plus favorisée va être accordée à l'URSS et propose une « *aide pour convertir à des fins pacifiques* » l'industrie militaire soviétique. Le 31, les deux chefs d'État signent le traité START, en négociation depuis neuf ans, qui prévoit une réduction de 25 % à 30 % de leurs armements nucléaires stratégiques. Ils annoncent aussi la convocation en octobre d'une conférence de paix sur le Proche-Orient. Le 1er août, M. Bush se rend sans M. Gorbatchev en Ukraine, où il met en garde les Républiques contre « *la voie sans espoir de l'isolement* » (3, 9, du 12 au 16, 19, 23, 26 et du 30/VII au 3/VIII).

31 URSS : Sept gardes-frontières lituaniens sont tués à la frontière avec la Biélorussie. Vilnius soupçonne le KGB d'être responsable de ce massacre (du 1er au 5 et 7/VIII). ■

COMBATS EN SLOVÉNIE
PUIS EN CROATIE

Le 2, de violents affrontements reprennent en Slovénie entre l'armée fédérale yougoslave et des unités de la défense territoriale slovène. Une trêve fragile s'instaure à partir du 3, alors que les combats ont fait soixante-quatorze morts en Slovénie depuis le 27 juin. Plus de la moitié des victimes sont des soldats de l'armée fédérale et environ deux mille d'entre eux ont été faits prisonniers. Ljubljana accepte, le 5, de les libérer et de lever le blocus des casernes.

Les 3 et 4, le comité d'urgence de la CSCE, chargé de consultation en cas de crise, se réunit à Prague : l'envoi d'une mission d'observateurs est confié à la CEE.

Le 5, les ministres des affaires étrangères de la CEE, réunis à La Haye, menacent implicitement de reconnaître la Slovénie et la Croatie en cas d'opération offensive de l'armée fédérale, alors qu'une semaine auparavant ils insistaient avant tout sur le maintien de l'unité du pays. Un embargo sur les armes et un gel de l'aide financière sont décidés, ainsi qu'une nouvelle mission de la « troïka ».

Le 7, la « troïka » européenne (les ministres des affaires étrangères néerlandais, luxembourgeois et portugais) se rend pour la troisième fois en dix jours en Yougoslavie. A l'issue de quinze heures de réunion dans l'île de Brioni avec les dirigeants serbes, slovènes, croates et fédéraux, une « *déclaration commune* » est adoptée. Elle prévoit un cessez-le-feu immédiat ainsi que le retour de l'armée fédérale dans ses casernes et confirme le moratoire de trois mois sur les déclarations d'indépendance du 25 juin de la Slovénie et de la Croatie afin de reprendre les négociations sur l'avenir de la Yougoslavie.

Le 18, la présidence collégiale de la Fédération annonce le retrait de l'armée fédérale de Slovénie. Cette décision est saluée à Ljubljana comme une reconnaissance de fait de la souveraineté slovène.

Les jours suivants, la tension retombe en Slovénie, mais elle s'accroît en Croatie, qui n'a pas obtenu le retrait des troupes fédérales et où vivent 12 % de Serbes. Les affrontements ethniques, sporadiques depuis des mois, mais encore plus violents depuis trois semaines, font vingt morts le 22, accentuant l'exode de

Serbes, mais aussi de Croates qui vivent dans des zones majoritairement peuplées de Serbes. Avant la fin du mois, c'est dans ces zones, en Slavonie et dans la Banija, au sud de Zagreb, que plus de cent autres personnes sont tuées lors de combats opposant les forces de l'ordre croates à des extrémistes serbes ou à l'armée fédérale, dont la plupart des officiers sont serbes.

Le 29, les ministres des Douze proposent d'étendre à la Croatie la mission des observateurs de la CEE, qui sont déjà une cinquantaine en Slovénie, où ils veillent au respect du cessez-le-feu. ◾

Culture

2 Plus de cent tableaux de Nicolas de Staël sont exposés à la Fondation Maeght à Saint-Paul-de-Vence (8/VIII).

5 Le musée Cantini à Marseille organise une rétrospective de l'œuvre (peintures, photos, films, etc.) de l'artiste hongrois Laszlo Moholy-Nagy, ancien du Bauhaus (6/VIII).

9-10 Le Festival d'Avignon s'ouvre avec les *Comédies barbares*, de Ramon del Valle-Inclan, mises en scène par Jorge Lavelli et données en deux soirées dans la Cour d'honneur. Mais il présente aussi l'*Opéra équestre* de Zingaro, dans la carrière Callet, à Boulbon, le Ballet de Francfort de William Forsythe ainsi qu'un programme de musiques d'Iran (4 et du 11 au 31).

11 Au Festival d'Aix-en-Provence, *Castor et Pollux* de Jean-Philippe Rameau est mis en scène par Pier Luigi Pizzi, avec les Arts florissants sous la direction de William Christie. Le 18, *le Songe d'une nuit d'été* de

Benjamin Britten est interprété par James Bowman et l'Ensemble orchestral de Paris dirigé par Stuart Bedford (du 12 au 15, 17 et 21-22).

16   Mort de Robert Motherwell, peintre américain (19).

19   Mort de l'historien Charles-André Julien (25).

20   Aux Chorégies d'Orange, *Elektra* de Richard Strauss est interprété par Gwyneth Jones dans le rôle-titre (23).

22   Mort de l'écrivain André Dhôtel (24 et 25).

24   Mort d'Isaac Bashevis Singer, écrivain américain d'origine polonaise, Prix Nobel de littérature en 1978 (26).

29   Le Festival de Montpellier fait découvrir *Turandot* composé en 1911 par Ferrucio Busoni et interprété par Kent Nagano à la tête des chœurs et de l'orchestre de l'Opéra de Lyon (26, 28-29 et 31/VII, 3/VIII).

29   Mort de Guy Dumur, critique dramatique au *Nouvel Observateur* (31/VII et 1er/VIII).

Août

- Coup d'État avorté en URSS. La fin du communisme

- L'armée tire sur les manifestants à Madagascar

- L'Italie renvoie des milliers de réfugiés albanais dans leur pays

- L'ONU engage une médiation pour la libération d'otages occidentaux au Liban

- Assassinat près de Paris de Chapour Bakhtiar

- Mike Powell bat le record du monde du saut en longueur à Tokyo

France

6 Chapour Bakhtiar, dernier premier ministre du chah d'Iran, est assassiné dans sa villa de Suresnes. En dépit de la très importante protection policière dont il bénéficiait, le crime n'est découvert que le 8. Après une cavale rocambolesque, l'un des trois meurtriers présumés, un Iranien arrivé de Téhéran début août, est arrêté en Suisse le 21, puis extradé vers la France le 27 (du 9 au 29/VIII et 1er-2/IX).

6 Mort de Charles Pietri, historien, directeur de l'École française de Rome (8 et 13).

7 M. Bérégovoy annonce une réforme du système de bonus-malus appliqué à l'assurance automobile, afin de la simplifier et de le rendre plus équitable (8 et 9).

7 Mort de Jean Denizet, économiste (13).

9 L'itinéraire initialement retenu pour le tunnel routier du Somport est modifié après que M. Brice Lalonde eut refusé que son entrée empiète sur le parc national des Pyrénées (10, 11-12, 15 et 17).

13 Sud-Marine, groupe marseillais de réparation navale et de construction offshore mis en liquidation le

29 juillet, est repris par le groupe Brisard, numéro un français de la machine-outil, dont la candidature était soutenue par le gouvernement (du 3 au 12, 14, 15 et 23).

13 M. Bernard Tapie réduit de 100 % à 55 % son contrôle du holding qui possède 95 % de la société allemande d'articles de sports Adidas, au profit du groupe britannique Pentland (20 %), du management d'Adidas (5 %), du Crédit lyonnais, des AGF et de la Banque Worms (14 et 15).

22-29 Le dalaï-lama anime un rassemblement bouddhique à Saint-Léon-sur-Vézère, en Dordogne (23, 27 et 29).

27 En juillet, le nombre de chômeurs s'est accru de 1,6 %, le déficit du commerce extérieur a atteint 4,3 milliards de francs et les prix ont augmenté de 0,4 % (20, 28 et 31).

28 Mort de Pierre Guillaumat, principal artisan de la politique énergétique française après guerre (30 et 31).

29 M. Bérégovoy envisage des privatisations partielles d'entreprises publiques. Il avait annoncé, le 1er, la prochaine introduction en Bourse de 27 % du Crédit local de France, qui doit rester contrôlé à plus de 50 % par l'État et la Caisse des dépôts (3, 4-5 et 31/VIII, 3 et 4/IX). ■

Étranger

1er-5 PROCHE-ORIENT : Pour sa sixième mission de bons offices en cinq mois, M. James Baker, secrétaire d'État américain, se rend en Israël, en Jordanie, au Maroc, en Tunisie et en Algérie afin de tenter de résoudre le problème de la représentation palestinienne à la conférence de paix sur le Proche-Orient, convoquée pour octobre par MM. Bush et Gorbatchev le 31 juillet, lors du sommet de Moscou. Le 1er, M. Itzhak Shamir donne son accord conditionnel à la réunion de cette conférence, tandis que M. Yasser Arafat multiplie les déclarations défendant les « *droits légitimes* » des Palestiniens (du 1er au 9, 11-12, 18-19, 21 et 24).

2   ARGENTINE - CHILI : Les présidents Menem et Aylwin signent, à Buenos-Aires, plusieurs accords frontaliers qui mettent fin à des litiges vieux de plus d'un siècle (4-5).

5   JAPON : Mort de Soichiro Honda, fondateur en 1948 de l'entreprise automobile qui porte son nom (6).

5   TURQUIE : L'aviation et des troupes pénètrent en territoire irakien pour une « *opération de nettoyage* » contre les maquisards kurdes (du 6 au 13, 15 et 17).

7-10   ITALIE : Près de vingt mille Albanais, candidats à l'exil, débarquent le long des côtes des Pouilles. Après des affrontements avec les forces de l'ordre italiennes, en particulier sur le port et dans le stade de Bari, où ils ont été parqués en plein soleil, ils sont tous rapatriés entre le 10 et le 18, tandis que les autorités italiennes s'affirment déterminées à empêcher toute nouvelle immigration massive (du 9 au 15, 17, 20 et 28).

8   LIBAN : Le Djihad islamique libère un journaliste britannique, M. John McCarthy, enlevé en avril 1986, et appelle l'ONU à présider à un accord qui prévoirait un échange de prisonniers arabes détenus en Israël et en Europe contre les otages occidentaux et des soldats israéliens disparus au Liban. Mais, dans l'après-midi du 8, un Français, M. Jérôme Leyraud, est enlevé à Beyrouth par un groupe clandestin hostile à la libération des otages. M. Leyraud est relâché le 11, après de très fermes pressions des autorités libanaises et syriennes sur les ravisseurs. Un autre otage est libéré le 11 : M. Edward Tracy, un homme d'affaires américain enlevé en octobre 1986. Du 12 au 14, M. Perez de Cuellar, secrétaire général de l'ONU, engage des négociations à Genève, en particulier avec des délégations israélienne et iranienne (du 8 au 19, 28, 29 et 30).

10 MADAGASCAR : Une « marche de la liberté » sur le palais présidentiel est brutalement réprimée. Le pouvoir ne reconnaît que douze morts, l'opposition en annonce près de deux cents. Alors que le comité des forces vives continue de réclamer le départ du président Ratsiraka et que Paris demande, le 14, une « *consultation populaire rapide* », M. Guy Razanamasy, nommé le 8 premier ministre, forme, le 26, son gouvernement : seuls deux membres de l'opposition ont accepté d'y participer (du 1er au 21, 28 et 29).

10 SRI-LANKA : L'armée remporte une nette victoire après de très violents combats contre les séparatistes tamouls. Ces derniers assiégeaient depuis le 10 juillet le camp d'Elephant Pass, qui contrôle l'accès à la péninsule de Jaffna, bastion des rebelles. En un mois, près de deux cents soldats et plus de deux mille rebelles ont été tués, selon un bilan gouvernemental (6, 8 et 13).

10-12 CHINE-JAPON : M. Toshiki Kaifu, chef du gouvernement japonais, est le premier dirigeant d'un des grands pays industrialisés à se rendre en visite officielle en Chine depuis la répression du « printemps de Pékin » en juin 1989. Le 10, la Chine « *accepte le principe* » d'une adhésion au traité de non-prolifération nucléaire (du 11 au 14).

12 ÉTATS-UNIS : La fusion entre BankAmerica et Security Pacific, qui donne naissance au deuxième groupe bancaire américain, est le troisième rapprochement en un mois annoncé dans ce secteur (14).

12 ÉTATS-UNIS : Pan Am, en redressement judiciaire depuis sept mois, est reprise en majeure partie par Delta Airlines pour 1,39 milliard de dollars (14).

14 LAOS : Les députés adoptent une Constitution qui réaffirme le rôle dirigeant du Parti populaire révolutionnaire (communiste), au pouvoir depuis 1975. Le 15, ils élisent à la tête de l'État M. Kaysone Phomvihane, qui dirige le PC depuis sa fondation, en 1955 (16).

14-15 POLOGNE : Jean-Paul II appelle plus d'un million de jeunes, rassemblés au sanctuaire de Czestochowa, à devenir « *les bâtisseurs d'un nouveau monde fondé sur la vérité, la justice, la solidarité et l'amour* ». Du 16 au 20, le pape se rend en Hongrie (13 et du 15 au 22).

15 ALLEMAGNE : La Banque fédérale relève son taux d'escompte de 6,5 % à 7,5 %, alors que la hausse des prix menace d'être supérieure à 4 % en 1991 contre 2,5 % en 1990 (2, 9, du 15 au 19 et 29).

15 IRAK : Le Conseil de sécurité de l'ONU vote trois résolutions : la 705 fixe à 30 % le pourcentage maximal annuel de prélèvement des recettes pétrolières irakiennes pour le paiement des dommages de guerre. La 706, proposée par la France, autorise pendant six mois une reprise partielle et très contrôlée des exportations de pétrole irakien, afin de financer l'achat par l'ONU de vivres et de médicaments pour la population civile. La 707 condamne l'Irak pour les entraves mises à la neutralisation de ses équipements destinés à la production d'armes de destruction massive. Bagdad qualifie la résolution 706 d' « *humiliante* » et la refuse en la considérant comme une « *mise sous tutelle* » (1er, 4-5, 7, 9 et du 15 au 19).

18 ÉTATS-UNIS : Les trois principaux dirigeants de la célèbre maison de titres new-yorkaise Salomon Brothers démissionnent après la découverte d'irrégularités commises lors d'adjudications de bons du Trésor (13, du 17 au 20, 22, 28 et 30/VIII, 13/IX).

18 MEXIQUE : Aux élections fédérales, le Parti révolutionnaire institutionnel (PRI), au pouvoir depuis 1929, remporte une victoire écrasante. Avec 290 des 300 sièges de députés à pourvoir, il récupère la plupart des suffrages perdus lors du scrutin présidentiel de juillet 1988, mais l'opposition proteste contre les « *fraudes* » (du 17 au 20, 22, 27 et 29/VIII, 1er-2/IX).

22 INDE : Le FMI promet un prêt de 6 milliards de dollars après que le gouvernement, tournant le dos à plus de quarante ans de dirigisme, eut annoncé d'importantes mesures de libéralisation de l'économie (18-19 et 24).

23-30 SIERRA-LEONE : Près de 60 % des électeurs approuvent par référendum une nouvelle Constitution qui institue le multipartisme après treize ans de parti unique (3/VIII et 4/IX).

24 JAPON : Les troisièmes Championnats du monde d'athlétisme ont lieu jusqu'au 1er septembre à Tokyo. L'URSS l'emporte sur les États-Unis pour le nombre des médailles (vingt-huit contre vingt-six), mais les Américains battent trois records du monde : le 25, au 100 mètres (9 s 86) avec Carl Lewis ; le 30 au saut en longueur (8,95 m) avec Mike Powell, qui bat le record légendaire (8,90 m) de Bob Beamon établi aux Jeux olympiques de Mexico en 1968 ; le 1er septembre, au relais 4 × 100 mètres (37 s 50). La France n'obtient que deux médailles : une d'or au 400 mètres féminin, avec Marie-José Pérec, et une d'argent avec le relais 4 × 100 mètres masculin (du 24/VIII au 3/IX).

26-30 CAMBODGE : Les douze membres du Conseil national suprême (CNS), réunis à Pattaya (Thaïlande), parviennent à s'entendre sur une intervention massive des Nations unies pendant la transition vers un régime élu. Ils acceptent la démobilisation de 70 % des effectifs des forces militaires en présence (7, 8, 9, 13, 15, 22, 23 et du 28/VIII au 2/IX).

27 SUISSE : Mort de Vince Taylor, chanteur de rock (29 et 30).

27 YOUGOSLAVIE : Alors qu'en Croatie des combats de plus en plus meurtriers (au moins quatre cents morts en six semaines) se poursuivent entre les forces croates et les milices serbes, auxquelles l'armée fédérale prête main-forte, les ministres des Affaires étrangères des douze pays de la CEE, réunis à Bruxelles, haussent le ton afin d'imposer leur médiation : s'adressant en particulier à la Serbie, ils exigent que les hostilités cessent au 1er septembre en Croatie et que le cessez-le-feu puisse être contrôlé par des observateurs étrangers. Ensuite, ils proposent la réunion d'une conférence de paix ainsi que la constitution d'une commission d'arbitrage. A Paris, M. Mitterrand reçoit, le 28, le président croate, M. Franjo Tudjman et, le 29, le président serbe, M. Slobodan Milosevic (à partir du 2).

28 TOGO : La conférence nationale, réunie depuis le 8 juillet à Lomé, s'achève après avoir élu un premier ministre, M. Joseph Kokou Koffigoh, qui recueille, jusqu'en juin 1992, date prévue pour une élection présidentielle, la plupart des pouvoirs retirés au général Eyadéma, chef de l'État depuis janvier 1967 (25-26, 28, 30 et 31).

29 LIBAN : Le général Michel Aoun, réfugié depuis dix mois à l'ambassade de France à Beyrouth après avoir été l'homme fort du camp chrétien de septembre 1988 à octobre 1990, quitte le Liban après le vote d'une amnistie. Autorisé à gagner la France, qui lui a accordé asile, mais interdit d'activité politique, il est conduit à Marseille, où il arrive le 30 (14, 16, 18-19 et du 28/VIII au 9/IX).

30 SUISSE : Mort du sculpteur Jean Tinguely (1er-2 et 7/IX).

31 SINGAPOUR : Aux élections législatives anticipées, le Parti d'action du peuple de M. Goh Chok Tong, premier ministre depuis novembre 1990 remporte 77 (−3) des 81 sièges à pourvoir (16/VIII et 3/IX).   ■

Les bouleversements en URSS

Le 18, M. Mikhaïl Gorbatchev est renversé par un putsch conservateur, deux jours avant la signature du traité de l'Union par la Russie, le Kazakhstan et l'Ouzbékistan. M. Gorbatchev est retenu dans sa résidence de vacances de Crimée, où il se trouve depuis le 4, et déclaré « *incapable d'assumer ses fonctions pour raisons de santé* ». Les putschistes annoncent, le 19, qu'il est remplacé à la tête de l'État par le vice-président de l'URSS, M. Guennadi Ianaev. L'état d'urgence est décrété, la censure instaurée et les manifestations interdites. Un Comité d'État pour l'état d'urgence est constitué « *pour diriger le pays* » : il comprend huit personnes, dont M. Ianaev, M. Valentin Pavlov, premier ministre, M. Vladimir Krioutchkov, président du KGB, M. Boris Pougo, ministre de l'intérieur, et le maréchal Dimitri Iazov, ministre de la défense.

Des blindés prennent position dans le centre de Moscou, mais ils sont rapidement bloqués par des milliers de manifestants. Juché sur un char devant le Parlement russe, M. Boris Eltsine, président de Russie démocratiquement élu, demande à l'armée de s'allier avec le peuple pour faire échec à ce « *coup d'État réactionnaire* ». Il appelle à une grève générale et à la désobéissance civile. Washington exprime ouvertement son soutien à M. Eltsine après avoir annoncé le « gel » de la coopération américano-soviétique. L'Irak et la Libye sont les seuls pays à approuver officiellement les putschistes. La CEE décide, le 20, de suspendre les aides économiques et techniques à l'URSS jusqu'au rétablissement de M. Gorbatchev dans ses fonctions.

Le 20, les putschistes apparaissent divisés et incapables de contrôler la situation. Dans la nuit du 20 au 21, la tension est à son comble à Moscou : le couvre-feu est ignoré par des dizaines de milliers de Moscovites venus protéger la « Maison Blanche », siège du Parlement de Russie devenu le quartier général de M. Eltsine et un haut lieu de la résistance, qu'on dit menacé d'un assaut imminent bien qu'une partie des forces qui l'assiègent se soient ralliées à M. Eltsine. Vers 1 heure du matin, un accrochage entre une unité blindée et des manifestants sur une barricade fait trois morts.

Le 21, la confusion est totale jusqu'à ce que, dans l'après-midi, l'échec du coup d'État soit confirmé. M. Pougo se suicide, les sept autres membres de la junte sont arrêtés. M. Gorbatchev, regagnant Moscou le 22 peu après 2 heures du matin, remercie M. Eltsine et le « *peuple soviétique* », qui se sont « *élevés contre la réaction* ». Les Occidentaux se félicitent du retour du président soviétique : ils lèvent les sanctions décidées et envisagent une aide financière accrue aux réformes en URSS. Les marchés boursiers, qui avaient fortement chuté le 19, se redressent et le dollar revient au-dessous de la barre des 6 F et des 1,8 DM, qu'il avait largement franchie après l'annonce du coup d'État.

Le 22, M. Eltsine, s'adressant à Moscou à une foule de plus de cent mille personnes enthousiastes, réclame une réforme du « *pouvoir politique de l'Union* ». Auréolé de sa victoire contre les « durs », il renforce ses prérogatives. Ainsi, il limoge le directeur de la radio-télévision d'État et celui de l'agence Tass, avant de suspendre la *Pravda*, l'organe du parti.

Le 22 également, M. Gorbatchev raconte sa détention au cours d'une conférence de presse. Il reconnaît sa part de responsabilité pour s'être entouré d'hommes qui ont ensuite voulu le renverser. Il parle d'une nouvelle « *alliance* » avec M. Eltsine et les forces démocratiques, mais prend la défense du PC, continuant à penser qu'il peut encore être réformé. Le soir même, sur la place de la Loubianka, des milliers de manifestants déboulonnent la statue de Félix Dzerjinski, fondateur en 1918 de la Tcheka, police politique ancêtre du KGB.

Cependant, les manifestations hostiles au PC se multiplient dans tout le pays. Dans les pays baltes et en Moldavie, les statues des pères du socialisme sont démontées et le PC est interdit ou déclaré illégal. Plusieurs Républiques, profitant de l'affaiblissement du pouvoir central, proclament ou réaffirment leur volonté d'indépendance : l'Estonie, dès le 20, la Lettonie, le 21, rejoignent ainsi la Lituanie, la Géorgie et l'Arménie, qui l'avaient déjà fait depuis plusieurs mois.

Le 23, le président soviétique se rend pour la première fois au Parlement de Russie. La séance, télévisée en direct, confirme que son autorité est sérieusement ébranlée. Alors que M. Gorbatchev, interpellé sans ménagements par les députés russes, continue à défendre le PC, refusant toute « *hystérie anticommuniste* », M. Eltsine annonce la suspension des activités du PC russe : les scellés sont apposés sur les bâtiments du PC et du KGB à Moscou et leurs archives sont saisies.

M. Eltsine apportant la preuve que le gouvernement soviétique ne s'est pas opposé au putsch, le cabinet entier est dissous. M. Gorbatchev entérine les nomina-

tions annoncées peu avant par M. Eltsine : M. Vadim
Bakatine, à la tête du KGB ; M. Viktor Barannikov, au
ministère de l'intérieur ; le général Evgueni Chapochnikov, au ministère de la défense. Tous trois sont
membres ou proches des démocrates, comme M. Ivan
Silaev, chef du gouvernement russe, qui est nommé
par M. Gorbatchev, le 24, premier ministre soviétique
par intérim et placé à la tête d'un comité chargé de la
réforme économique.

Le 24, M. Gorbatchev, tout en se refusant à
« *condamner tous les communistes* », dénonce dans une
« *déclaration* » écrite l'attitude des dirigeants du PC
pendant le putsch. Il démissionne de son poste de
secrétaire général, appelant le comité central à se
dissoudre, ce qui est fait le 25. Le PC est interdit dans
l'armée et les organismes d'État. Les avoirs du parti
sont placés sous le contrôle des Parlements des Républiques.

A Moscou, plus d'un million de personnes participent aux obsèques des trois jeunes hommes tués le 21
sur les barricades. Ils ont été faits héros de l'Union
soviétique par M. Gorbatchev, qui affirme qu'il n'y
aura pas de pardon pour les putschistes. Cependant, le
maréchal Serguei Akhromeev, ancien chef d'état-
major de l'armée et conseiller militaire de M. Gorbatchev, se pend. Il laisse une note dans son bureau du
Kremlin expliquant : « *Tout ce à quoi j'ai consacré ma
vie se détruit.* » Nikolaï Kroutchina, administrateur du
comité central du PC, se suicide aussi le 26.

Toujours le 24, M. Eltsine reconnaît par décret
l'indépendance de l'Estonie et de la Lettonie, après
avoir reconnu celle de la Lituanie le 29 juillet. Il
recommande à M. Gorbatchev de faire de même. A leur
tour, les Parlements d'Ukraine, le 24, et de Biélorussie,
le 25, adoptent des déclarations d'indépendance. Mais
ces velléités séparatistes-là, en particulier celle de

l'Ukraine, contrarient M. Eltsine : il fait publier, le 26, un communiqué menaçant d'une « *révision des frontières* » les Républiques qui quitteraient unilatéralement l'Union. Cette menace suscite une vive émotion dans plusieurs Républiques, inquiètes d'un retour de l' « impérialisme » russe.

Le 26, le Soviet suprême de l'Union se réunit en session extraordinaire. Son président, M. Anatoli Loukianov, démissionne : accusé d'avoir participé au putsch, il est arrêté le 29. M. Gorbatchev affirme que le temps des hésitations est terminé et qu' « *aucune attente dans la mise en œuvre des réformes* » ne sera plus acceptée. Il demande une reprise immédiate du processus de signature du traité de l'Union, proposant qu'ensuite soit organisée une élection présidentielle au suffrage universel. Il annonce aussi une profonde réorganisation du KGB.

Le 26 également, M. Alexandre Routskoï, vice-président de Russie, demande que les armes nucléaires soviétiques ne puissent être utilisées sans le consentement de la Russie. Face à l'effondrement du pouvoir central en URSS, plusieurs chefs d'État occidentaux s'inquiètent du contrôle de ces armes : M. Mitterrand évoque, le 28, une « *nécessaire remise en ordre nucléaire* ».

A Washington, M. Bush exprime son souci de ne rien faire qui puisse « *favoriser une situation anarchique en URSS* ». Il n'envisage de prendre aucune décision rapide sur une aide économique accrue à l'URSS ou sur la reconnaissance des pays baltes, en dépit des pressions du Congrès ou de ses alliés européens.

Le 27, la Moldavie, qui souhaite sa « *réunification* » avec la Roumanie, proclame son indépendance. A Bruxelles, les ministres des affaires étrangères de la CEE décident de reconnaître les trois États baltes (Lituanie, Estonie, Lettonie). L'Islande et le Danemark avaient été, le 26, les premiers à rétablir les relations diplomatiques, interrompues depuis l'annexion par l'URSS en 1940, avant d'être suivis par de nombreux autres pays. Quant à M. Roland Dumas, il est, les 29 et 30, le premier ministre des affaires étrangères occidental à se rendre à Vilnius, Tallin et Riga.

Le 27 également, M. Gorbatchev profite de la polémique sur la « *résivion des frontières* » lancée par M. Eltsine pour appeler à la raison. Plaidant devant le Soviet suprême pour la préservation de l'Union, il menace de démissionner en cas de disparition du système fédéral. Les présidents russe, kazakh et kirghize, réunis en présence de M. Gorbatchev, acceptent le principe d'une union économique et non plus politique entre les quinze Républiques.

Le 28, M. Boris Pankine est nommé ministre des affaires étrangères. Il succède à M. Alexandre Bessmertnykh, limogé le 23. M. Gorbatchev nomme aussi son ancien porte-parole, M. Vitali Ignatenko, directeur de l'agence Tass, après avoir désigné, le 27, M. Egor Iakovlev, un journaliste proche des réformateurs, à la tête de la radio-télévision soviétique. La *Pravda*, dotée d'un nouveau rédacteur en chef, est autorisée, le 29, à reparaître.

Le 29, le Soviet suprême décide de s'autodissoudre après avoir suspendu les activités du PC dans toute l'Union et retiré au président Gorbatchev les pouvoirs spéciaux en matière économique qu'il s'était fait attribuer en décembre 1990.

Le 29 également, les deux Républiques les plus peuplées, la Russie et l'Ukraine, signent, à l'issue de « *pourparlers d'urgence* » à Kiev, un accord sur le respect des frontières et sur la mise en place, pendant une période de transition, de « *structures interétatiques* » afin de maintenir la coopération économique et militaire. Toujours pour éviter une « *désintégration incontrôlée de l'Union* », la Russie signe, le 30, un accord similaire avec le Kazakhstan.

Le 30, l'Azerbaïdjan, puis le 31, la Kirghizie (qui devient le Kirghizstan) et l'Ouzbékistan proclament leur indépendance (4-5, 7, 13 et à partir du 17).   ■

POLÉMIQUES FRANÇAISES

Le 19, M. François Mitterrand consacre un entretien télévisé au putsch soviétique. Il adopte une position prudente et mesurée, très critiquée par l'opposition, qui lui reproche de ne pas avoir condamné assez fermement les putschistes et d'avoir paru accepter comme un fait accompli le renversement de M. Gorbatchev.

Le 21, M. Mitterrand s'en défend lors d'un nouvel entretien télévisé, accusant certains responsables de l'opposition d'avoir manqué de « *sang-froid* ». L'opposition critique aussi cette nouvelle prestation télévisée, jugeant qu'elle n'est pas à la hauteur des circonstances alors que le communisme s'effondre en URSS.

Les événements soviétiques provoquent un débat au PS sur les accords électoraux avec les communistes. Mais c'est surtout le PCF qui est sur la sellette : en butte aux attaques de la droite, il reproche au PS de « *contribuer à cette offensive* ». Quant aux « refondateurs », ils réclament la convocation du comité central, et M. Charles Fiterman, chef de file des opposants à la direction, affirme, le 29, dans un appel aux militants, qu'il n'y a plus qu'une seule alternative pour le parti : « *Ou bien subir une marginalisation aggravée, le menaçant désormais dans son existence même ; ou bien se montrer capable d'animer l'effort de renouvellement de l'identité communiste* » (à partir du 20).   ■

Septembre

- Les États-Unis font de nouvelles propositions de désarmement à l'URSS

- Moscou prend ses distances avec les régimes cubain et afghan

- Indépendance des trois États baltes

- Le président Aristide est renversé en Haïti

- Les deux Corées entrent à l'ONU

- Valéry Giscard d'Estaing redoute une « *invasion* » d'immigrés

- Mort de Miles Davis

France

2 Alors que M. Chirac est à Moscou du 2 au 4, accompagné de MM. Léotard, Méhaignerie et Juppé, M. Giscard d'Estaing, président de l'UDF, s'étonne de n'avoir été « *ni invité, ni prévenu* » par le président du RPR (du 3 au 7, 13 et 20).

3-5 Le comité central du PCF approuve, par 128 voix contre 13 et un refus de vote, les réactions de la direction du parti face au putsch de Moscou et à l'effondrement du communisme en URSS. Mais les débats prouvent que le front des contestataires s'élargit. Du 13 au 15, la Fête de *l'Humanité* à la Courneuve obtient le même succès populaire que les années précédentes. Le 16, le PS refuse la « *confrontation d'idées* » proposée la veille par M. Georges Marchais (du 3 au 10, 12, du 14 au 21, 24, 27 et 28/IX, du 1er au 3/X).

4 Mort du cardinal Henri de Lubac, théologien qui fut un des inspirateurs du concile Vatican II (5, 6 et 12).

7 M. Jean-Marie Le Pen annonce qu'il conduira la liste de l'extrême droite pour les élections régionales de mars 1992 dans les Alpes-Maritimes. Le 8, M. Bernard Tapie confirme qu'il sera aussi candidat au conseil régional Provence-Alpes-Côte d'Azur, en étant tête de liste pour la majorité présidentielle dans les Bouches-du-Rhône (du 8 au 13, 18, 20, 26 et 28).

9 M. Lionel Jospin annonce qu'en juin 1992 les conseils de classe et les épreuves du baccalauréat seront retardés de deux semaines afin de ne pas désorganiser le troisième trimestre (5 et du 8 au 14).

11 M. Mitterrand réunit à l'Élysée sa sixième conférence de presse depuis 1981. Saluant la « *naissance d'une nouvelle Europe* », il estime que la « *géopolitique* » du continent « *a un grand besoin d'une théorie des ensembles* ». Souhaitant un « *strict contrôle* » des armes nucléaires, il propose une réunion des quatre puissances détentrices de charges atomiques en Europe. Sur le plan intérieur, il donne son aval à la cession d' « *actifs minoritaires d'entreprises publiques* » pour « *accroître l'investissement* » et les « *capacités d'emploi* ». Il demande aussi que tous les parlementaires soient « *soumis à la publicité sur leur situation de fortune* » (du 11 au 16).

11 Le conseil des ministres approuve un projet de loi qui prévoit la création d'une Agence du médicament et la mise en place d'un nouveau système de fixation des prix des médicaments (29/VIII et 12/IX).

11 L'avant-projet socialiste « *pour l'an 2000* », présenté à la direction du PS, constate que « *l'idée du socialisme ne sort pas intacte* » de l'effondrement du communisme (10, 13, 14, 19, 20 et 24).

12 M. Mitterrand, parlant à Chinon lors des premières assises de l'Association des petites villes de France, demande au gouvernement d'envisager un « *projet de solidarité financière qui soutiendrait les petites villes et les communes rurales dans leurs projets de développement* » (14 et 22-23).

13 Suicide d'Yves Laurent, maire socialiste de

Saint-Sébastien-sur-Loire près de Nantes, dont le nom avait été cité dans des articles de presse sur une affaire de fausses factures. Des responsables du PS mettent en cause les « *conditions de fonctionnement de la justice et des médias* » (15-16, 17, 20 et 25).

16 Mme Édith Cresson annonce, devant les petits patrons de la CGPME réunis à Bordeaux, un « *plan global* » en faveur des petites et moyennes entreprises, en le présentant comme « *la première étape du programme Matignon* » d'action économique du gouvernement. Les principales mesures, qui sont de nature fiscale, sont inscrites dans le projet de budget pour 1992 (du 13 au 18, 20, 26 et 27).

17 Lors de la première audition publique de la commission d'enquête de l'Assemblée nationale sur le financement des partis et des campagnes électorales, M. Jean-Marie Le Pen, qui n'avait pas été invité, vient dénoncer le « *climat de corruption de la vie publique* ». Le 24, la troisième séance publique est suspendue après que le PS a accusé l'opposition de « *jouer la carte de l'obstruction* » (11, du 17 au 21, 26, 27 et 28).

17-26 Le dixième congrès forestier mondial, réuni à Paris, est consacré à la protection de la forêt, considérée comme le « *patrimoine de l'avenir* » (17, 18, 19 et 28).

18 Le conseil des ministres approuve le projet de budget pour 1992, qui prévoit un net freinage des dépenses publiques : elles ne progressent que de 2,9 %, avec priorité à l'éducation, la recherche, la culture et la justice. Les impôts d'État n'étant pas augmentés, le déficit budgétaire (90 milliards de francs) s'accroît. En dehors des efforts pour les PME et pour le logement social, la principale mesure concerne l'impôt sur les sociétés, dont le taux est ramené de 42 % à 34 % pour les bénéfices distribués comme pour les bénéfices réinvestis (19, 20, 21, 25, 26 et 27).

19 Mme Cresson présente devant les chefs d'entreprise de la métallurgie un plan de cinq ans destiné à développer l'apprentissage et la formation en alternance (21, 26 et 27).

19 M. Michel Charasse, ministre délégué au budget, affirme que près du quart des demandeurs d'emploi, soit 700 000 personnes, sont des « *faux chômeurs* ». Le 26, Mme Martine Aubry, ministre du travail, dénonce ce « *faux débat* » (11, 21, 24, 27 et 28).

19 M. Pierre Joxe annonce que « *l'évolution de l'armée de terre exige que plusieurs dizaines de garnisons soient supprimées* » dans les cinq ans à venir (3, 5, 6, 14, 18, 21 et 29-30).

19 Mort de Pierre Blanchet, envoyé spécial du *Nouvel Observateur* en Croatie. Sa voiture a sauté sur une mine (21).

21 M. Valéry Giscard d'Estaing, dans un article publié par *le Figaro-Magazine*, parle d'un risque d' « *invasion* » à propos de l'immigration et propose de substituer au principe du « droit du sol » celui du « droit du sang » pour l'acquisition de la nationalité française. Cette prise de position provoque une violente polémique, à gauche mais aussi à droite où l'opposition apparaît divisée sur la stratégie à adopter face au Front national (du 21/IX au 1er/X).

21 Un homme d'affaires iranien, Massoud Hendi, est inculpé de complicité dans l'assassinat de Chapour Bakhtiar le 6 juin. Interpellé le 17 à Paris, il a mis en cause les services secrets iraniens au cours de sa garde à vue (10, 13, 14, du 21 au 24, 26 et 28/IX, 1er/X).

22 M. Claude Evin, ancien ministre de M. Rocard, retrouve de justesse son siège de député de la Loire-Atlantique, avec 50,75 % des suffrages exprimés. Au premier tour, le 15, comme au second tour, l'abstention dépasse les 60 % (14, 17, 20, 21, 24 et 26).

24 Dans l'affaire des irrégularités commises lors de

l'arrestation à Vincennes en août 1982 de trois prétendus terroristes irlandais, le tribunal correctionnel de Paris condamne le préfet Christian Prouteau à quinze mois de prison avec sursis pour « *complicité de subornation de témoins* » (du 25 au 28/VI et 26/IX).

24 En août, le déficit du commerce extérieur a atteint 3,8 milliards de francs, le nombre de chômeurs a diminué de 0,6 % et les prix ont augmenté de 0,2 % (17, 18, 25, 27 et 29-30).

25 Mme Cresson, s'adressant aux parlementaires socialistes qui affichent leur morosité, leur demande de ne pas « *baisser les bras* » et de « *se ressaisir* » (3, 13, 19, 20 et du 24 au 30).

25 Air France annonce la suppression de trois mille emplois avant la fin de 1993 ainsi que la disparition en 1992 de la marque UTA (26 et 27).

25 Mort en prison de Klaus Barbie, condamné le 4 juillet 1987 à la réclusion criminelle à perpétuité pour des crimes contre l'humanité commis à Lyon en 1943 et 1944 (27 et 28/IX, 1er/X).

29 Deux cent mille agriculteurs manifestent à Paris pour exprimer leur inquiétude face au déclin du monde rural, à la chute des cours de la viande et aux projets de réforme de la politique agricole comunautaire (4, 7, du 15 au 20 et du 24/IX au 2/X). ■

Étranger

2-3 CHINE - GRANDE-BRETAGNE : M. John Major, premier chef de gouvernement occidental à se rendre en visite officielle en Chine depuis la répression du « printemps de Pékin » en juin 1989, tient des propos très fermes sur le respect des droits de l'homme (3 et 5).

4 ALLEMAGNE : L'Office fédéral du travail annonce qu'en août le chômage a cessé d'augmenter dans l'ex-RDA. Le gouvernement se félicite des signes de reprise et envisage une croissance de 10 % en 1992 dans les nouveaux Länder de l'Est (3, 6, 7, 11 et 13).

5 ÉTATS-UNIS : L'ex-général Manuel Noriega, ancien « homme fort » du Panama renversé par l'intervention militaire américaine de décembre 1989, comparaît pour trafic de drogue devant un tribunal de Miami. Le procès pourrait durer plusieurs mois (6 et 19).

5-7 SOMALIE : Au moins trois cents personnes sont tuées à Mogadiscio dans des affrontements entre factions rivales du Congrès de la Somalie unifiée, au pouvoir dans la capitale depuis la fin janvier (10 et 11).

6 SAHARA OCCIDENTAL : Un cessez-le-feu entre en vigueur sous l'égide de l'ONU pour mettre fin à près de seize ans de conflit entre les troupes marocaines et celles du Front Polisario. Un référendum d'autodétermination doit être organisé en 1992 (du 5 au 9, 17, 18, 20, 27 et 28).

6 SURINAME : M. Ronald Venetiaan, candidat de la coalition multiethnique hostile aux militaires, est élu président de la République en recueillant les suffrages de 645 des 860 élus nationaux et locaux (14).

6 VANUATU : M. Walter Lini, premier ministre depuis décembre 1979, est renversé par un vote de défiance du Parlement. Il est remplacé par M. Donald Kalpokas qui lui avait succédé le 7 août à la tête du parti au pouvoir (7 et 8-9).

7-8 ÉTATS-UNIS : La Yougoslave Monica Seles, le 7, et le Suédois Stefan Edberg, le 8, remportent les Internationaux de tennis de Flushing-Meadow (du 28/VIII au 10/IX).

8 ARGENTINE : Les succès du parti péroniste lors d'élections locales et législatives partielles confortent la politique néolibérale menée depuis deux ans par le président Carlos Menem (4, 8-9, 10, 14 et 21).

9-12 FRANCE - ÉMIRATS ARABES UNIS : Visite officielle en France de Cheikh Zayed, souverain d'Abou-Dhabi et président des Émirats arabes unis (4 et du 10 au 13).

9-12 GRANDE-BRETAGNE : Des jeunes gens participent à des scènes de vandalisme et d'affrontements avec la police dans des quartiers défavorisés de Newcastle. Depuis la fin août, des banlieues d'Oxford, Cardiff et Birmingham avaient aussi été le théâtre de violences (5, 12, 13, 14, 20 et 22-23).

12 ÉTATS-UNIS - ISRAËL : Le président Bush menace d'opposer son veto aux garanties bancaires demandées par Israël pour un emprunt de 10 milliards de dollars destiné à financer l'intégration des trois cent mille juifs soviétiques arrivés depuis vingt mois. M. Bush souhaite que le Congrès américain ne se prononce sur la demande israélienne qu'en janvier 1992, c'est-à-dire après l'ouverture de la conférence de paix au Proche-Orient, ce que le Congrès accepte le 2 octobre. Du 16 au 20, M. Baker, secrétaire d'État américain, se rend à Jérusalem, au Caire, à Damas et à Amman pour sa septième tournée dans la région en six mois (du 6 au 10, du 13 au 23, 26 et 27/IX, 4/X).

13 ÉTATS-UNIS : Le taux d'escompte est ramené de 5,5 % à 5 % pour tenter de stimuler la reprise de l'économie. Cette décision accentue la baisse du dollar sur les marchés financiers : le 17, il atteint 1,66 DM, 133 yens et 5,69 F à Paris (8-9, 11, 13, 15-16, 17, 22-23 et 29-30).

13 MAROC : M. Abraham Serfaty, le plus ancien prisonnier politique marocain, est libéré et expulsé vers la France. Le 20 est annoncée la destruction du bagne de Tazmamart, où croupissaient encore une trentaine de détenus politiques (5, du 14 au 17 et du 21 au 25).

14 AFRIQUE DU SUD : Le président De Klerk et une vingtaine d'organisations politiques, syndicales et religieuses, dont l'ANC et le Parti Inkatha à dominante zouloue, signent un accord de paix destiné à mettre fin aux violences entre factions noires rivales, qui ont fait près de dix mille morts depuis 1984 et plus de deux mille en treize mois dans la banlieue de Johannesburg où cent vingt-cinq personnes ont encore été tuées entre le 8 et le 14 (4, 6, 10, 11, 12, 17 et 24/IX, 1er/X).

15 HONGKONG : Lors du premier scrutin démocratique, les libéraux obtiennent 16 sièges sur les 18 du Conseil législatif de 60 sièges soumis au suffrage universel (18 et 26).

15 MAURICE : Aux élections législatives, la coalition gouvernementale dirigée par M. Anerood Jugnauth, premier ministre depuis juin 1982, remporte 57 des 62 sièges (18 et 19/IX, 1er/X).

15 SUÈDE : Aux élections législatives, le Parti social-démocrate, au pouvoir de 1932 à 1976 et depuis 1982, ne recueille que 138 (− 18) des 349 sièges du Parlement. Le Parti de la gauche (ex-communiste) recule aussi, avec 16 (− 5) sièges. Mais la coalition de centre droit (conservateurs, libéraux, centristes et chrétiens-démocrates), avec 170 (+ 18) sièges, n'obtient pas la majorité absolue en raison de l'entrée au Parlement, avec 25 sièges, de la Nouvelle Démocratie (populiste). Les Verts, qui n'ont pas atteint le seuil de 4 % des voix, n'ont plus de députés. Après la démission, le 16, de M. Ingvar Carlsson, premier ministre depuis mars 1986, M. Carl Bildt, président du Parti conservateur, est pressenti, le 24, pour former le nouveau gouvernement (du 14 au 17 et 26).

16 PHILIPPINES : Le Sénat refuse, par 12 voix

contre 11, de ratifier l'accord sur le maintien des bases américaines conclu le 17 juillet entre Manille et Washington. La présidente Cory Aquino, après avoir menacé d'organiser un référendum sur cette question, accepte le départ des forces américaines, qui devra être achevé avant la fin de 1992 (10, 11, 12, 17, 19, 20 et 24/IX, 3/X).

16-17 LIBÉRIA : Lors d'un sommet de la CEDEAO réuni à Yamoussoukro (Côte-d'Ivoire), M. Charles Taylor, chef des maquisards du Front national patriotique du Libéria (FNPL), accepte de désarmer ses troupes qui contrôlent 90 % du territoire libérien. Mais cet accord de paix n'est pas appliqué avant la fin de l'année (8-9 et 19/IX, 1er/XI).

17 ONU : Le nombre des pays membres de l'Organisation des nations unies passe à cent soixante-six avec l'admission des deux Corées, des trois États baltes, de la Micronésie et des îles Marshall (18 et 19/IX, 1er/X).

17 PÉROU : Les pays du Club de Paris acceptent de rééchelonner le paiement de plus de 6 milliards de dollars sur une dette totale de 22 milliards. Après un an d'ajustement structurel draconien, le Pérou bénéficie à nouveau de prêts d'organisations internationales et d'un « groupe de soutien » parrainé par les États-Unis et le Japon (5, 19 et 24).

18-20 FRANCE - ALLEMAGNE : La visite de M. Mitterrand à Bonn, à Berlin, puis dans les nouveaux Länder de l'Est met un terme à la dégradation du climat de confiance franco-allemand. Paris et Bonn rapprochent leurs points de vue sur la Yougoslavie, sur l'élargissement de la CEE aux pays de l'Europe centrale ainsi que sur l'union monétaire et politique européenne (du 18 au 23).

19-23 FRANCE - AFRIQUE DU SUD : M. Dominique Strauss-Kahn, ministre délégué à l'industrie, est le premier membre d'un gouvernement français à se rendre en visite officielle en Afrique du Sud depuis 1975 (du 21 au 25).

20 GRANDE-BRETAGNE : L'UAP, numéro un français de l'assurance, et la société Transatlantic, filiale du groupe sud-africain Liberty, annoncent qu'elles vont prendre le contrôle conjoint de la compagnie britannique d'assurance-vie Sun Life (21).

22 CHILI - MEXIQUE : Un traité de libre-échange est signé à Santiago (24).

23-24 ZAÏRE : Des émeutes et des pillages, provoqués par des soldats révoltés, font cent dix-sept morts à Kinshasa, selon un bilan officiel. Des militaires français et belges interviennent pour évacuer les ressortissants étrangers. Sous la pression internationale, le président Mobutu accepte de rencontrer les dirigeants de l'opposition : après deux jours de négociations, les 28 et 29, il nomme premier ministre M. Étienne Tshisekedi, qui est un des principaux opposants (4, 5, 7 et du 24/IX au 2/X).

23-27 IRAK : A Bagdad, des militaires irakiens retiennent contre leur gré, le 23, puis à nouveau du 24 au 27, les experts de la mission d'inspection de l'ONU, qui ont découvert des documents prouvant l'existence d'un programme d'armement nucléaire clandestin (13 et du 20/IX au 3/X).

24 LIBAN : Un nouvel otage, M. Jack Mann, un ancien pilote britannique enlevé le 12 mai 1989, est libéré à Beyrouth après qu'Israël eut relâché, le 11, cinquante et un prisonniers chiites libanais (3, du 13 au 16, 21, 24, 26 et 27).

25 ROUMANIE : Les mineurs de la vallée du Jiu reviennent à Bucarest, comme en juin 1990, mais cette fois pour protester contre la politique d'austérité du gouvernement. Après trois jours de confusion et d'affrontements, qui font cinq morts, le président Ion

Iliescu accepte, le 27, la démission de M. Petre Roman, premier ministre depuis décembre 1989. Ce dernier s'estime victime de « *ceux qui veulent maintenir le vieux système* » (du 26/IX au 2/X).

25 SALVADOR : Le gouvernement et la guérilla du FMLN signent à New-York, sous l'égide de l'ONU, un accord de principe afin de mettre un terme à une guerre civile qui a fait soixante-quinze mille morts en douze ans (13, 18 et du 25 au 28).

27 ÉTATS-UNIS : Le président Bush annonce d'importantes réductions de l'armement nucléaire américain, en particulier l'élimination des armes à courte portée basées sur terre et sur mer. Dès le 28, tandis que MM. Gorbatchev et Eltsine se déclarent prêts à envisager des réductions réciproques de l'arsenal nucléaire soviétique, les États-Unis commencent à appliquer certaines mesures de désarmement stratégique (du 29/IX au 3/X).

27 FRANCE - TAÏWAN : Paris autorise la vente par le groupe Thomson-CSF de seize frégates à la marine de guerre taïwanaise. Pékin exprime son « *mécontentement* » mais n'envisage aucune représaille (5, 14 et 28/IX, 2/X).

28 PROCHE-ORIENT : Le Conseil national palestinien (Parlement en exil), réuni depuis le 23 à Alger, accepte le principe d'une participation palestinienne à la conférence de paix proposée par les États-Unis. Ce vote, obtenu à une large majorité après des débats houleux, représente une victoire pour M. Yasser Arafat, président le l'OLP (du 20/IX au 3/X).

29 ALGÉRIE : L'état de siège, instauré le 5 juin, est levé. Plus de cent cinquante islamistes, dont les principaux dirigeants du FIS, restent détenus et doivent être jugés par des tribunaux militaires (31/VIII, 3, 6, 10, 12, 24, 26 et 29-30/IX, 1er/X).

30 HAÏTI : Le Père Jean-Bertrand Aristide, président élu démocratiquement en décembre 1990, est renversé par un coup d'État militaire dirigé par le général Raoul Cédras, commandant en chef de l'armée. Ce putsch, qui fait des centaines de morts dans les quartiers populaires de Port-au-Prince, est fermement condamné par les États-Unis, la France et d'autres pays occidentaux, qui suspendent toute aide économique et militaire (27/IX et à partir du 1er/X). ■

LA GUERRE CIVILE
EN CROATIE

2 Le plan de paix présenté le 27 août par la CEE est accepté par les dirigeants de la Fédération et des six Républiques yougoslaves après une nuit de discussions, à Belgrade, en présence du ministre néerlandais des affaires étrangères représentant les Douze. La Serbie a fini par admettre la venue d'observateurs étrangers pour contrôler le cessez-le-feu en Croatie. Mais, dans plusieurs régions croates majoritairement peuplées de Serbes, en particulier à Osijek et à Vukovar en Slavonie, les combats se poursuivent entre les forces de l'ordre croates et les nationalistes serbes soutenus par l'armée fédérale.

7 La conférence de paix proposée par la CEE se réunit à La Haye, les Douze ayant renoncé à exiger l'arrêt des hostilités avant l'ouverture des négociations. Tous les invités, les présidents des six Républiques, le président et le premier ministre de la Fédération, ainsi que les ministres des affaires étrangères des Douze participent à cette séance inaugurale. Lord Carrington, ancien chef de la diplomatie britanique, a été nommé le 3 à la tête de la conférence. Une commission d'arbitrage, constituée pour trancher les litiges juridiques et frontaliers, est présidée par M.

Robert Badinter et composée des présidents des cours constitutionnelles de quatre autres pays de la CEE (Allemagne, Italie, Espagne, Belgique).

8 En Macédoine, 95 % des électeurs se prononcent par référendum en faveur de l'indépendance de leur République, qui est proclamée le 15.

17 Alors que l'armée fédérale, qui s'est ouvertement rangée dans le camp serbe, accentue son offensive dans plusieurs régions de Croatie, avec l'aide de l'aviation et de la marine de guerre, et que les forces croates, qui ont perdu le contrôle de près de 20 % de leur territoire, multiplient les opérations de blocus des casernes fédérales, Lord Carrington rencontre à Igalo, sur la côte monténégrine, les présidents de Serbie et de Croatie, ainsi que le ministre fédéral de la défense. Un accord de cessez-le-feu est conclu, mais il n'est pas respecté : les combats s'étendent et gagnent Zagreb. Tandis que les autorités militaires fédérales proclament la mobilisation des réservistes en Serbie et dépêchent des renforts de blindés et de troupes vers la Croatie, les forces croates attaquent des casernes fédérales pour s'emparer d'armes.

19 Les ministres des affaires étrangères de la CEE, réunis à La Haye, excluent l'envoi en Croatie d'une force européenne d'interposition, proposé par la présidence néerlandaise ainsi que par MM. Mitterrand et Kohl. La France, qui préside en septembre le Conseil de sécurité, demande que les Nations unies se saisissent « *sans délai* » du conflit yougoslave.

22 Un cessez-le-feu est instauré en Croatie après un nouvel accord entre le président croate et le ministre fédéral de la défense. Mais, après à peine une semaine de relative accalmie, les combats redoublent d'intensité à partir du 29.

25 Le Conseil de sécurité de l'ONU vote à l'unanimité une résolution décrétant l'embargo sur les livrai-

sons d'armes à la Yougoslavie. L'envoi d'une force
d'urgence, proposé par la France, n'a pas été accepté,
plusieurs pays cherchant à limiter la possibilité d'ingérence de l'ONU dans les affaires intérieures des États
membres.   ■

Les bouleversements
en URSS

2-5 Une session extraordinaire du Congrès des
députés du peuple se tient à Moscou. Après des débats
limités mais houleux, elle s'achève par l'adoption d'un
dispositif institutionnel transitoire élaboré par M. Gorbatchev et les dirigeants de dix Républiques. Alors que
le « centre » est privé de beaucoup de ses pouvoirs au
profit des Républiques, un nouvel organe exécutif est
créé, le Conseil d'État, composé du président de
l'Union et des hauts responsables des Républiques qui
acceptent le maintien d'une certaine forme d'union.
Sont ensuite prévues l'élaboration et la signature d'un
traité sur une « *union d'États souverains* » et d'un autre
traité d'union économique. Le Conseil d'État, réuni
pour la première fois le 6, reconnaît l'indépendance
des trois Républiques baltes (Lituanie, Lettonie, Estonie). Les États-Unis, le 2, et la Chine, le 7, reconnaissent à leur tour les trois États, qui sont admis au sein
de la CSCE, le 10, et de l'ONU, le 17 (du 3 au 14, du 17
au 23 et 27).

4 M. Gorbatchev, recevant M. Chirac à Moscou,
renouvelle sa demande d'une « *aide massive* » de l'Occident, souhaitant qu'une somme équivalente aux
100 milliards de dollars réunis, selon lui, pour financer

la guerre du Golfe puisse être rassemblée. Les jours suivants, les autorités multiplient les appels en faveur d'une aide alimentaire pour assurer l'approvisionnement de la population pendant l'hiver (du 3 au 12, 14, 17, 18, 19, 21, 26, 28 et 29-30).

6   Leningrad reprend son ancien nom d'avant 1914, Saint-Pétersbourg (8-9, 18, 19, 21, 22-23 et 28).

8   En Azerbaïdjan, M. Ayaz Moutalibov, communiste qui a démissionné du parti le 29 août après avoir paru soutenir le putsch du 18 août, est élu président de la République, tandis qu'au Kazakhstan le PC se transforme en Parti socialiste sans que l'appareil du pouvoir en place change. Dans l'Ouzbékistan voisin, le PC est rebaptisé, le 14, Parti démocrate populaire, mais il n'abandonne pas l'orthodoxie socialiste. Au Tadjikistan, autre République d'Asie centrale, l'indépendance est proclamée le 9, et le PC se transforme, le 21, en Parti socialiste ; mais la vieille garde du parti fait nommer, le 23, à la tête du Parlement, un président conservateur, M. Rakhmon Nabiev, qui remporte l'élection présidentielle, le 24 novembre, avec 58 % des suffrages (10, 11, 17, 21, 24, 25 et 26/IX, 2, 4, et 8/X, 26 et 27/XI).

10   Les ministres des affaires étrangères des trente-huit pays membres (dont trois nouveaux : l'Estonie, la Lettonie et la Lituanie) de la Conférence sur la sécurité et la coopération en Europe (CSCE) participent, à Moscou, à la séance d'ouverture d'une réunion sur les droits de l'homme, qui dure jusqu'au 4 octobre. Le 11, M. Gorbatchev annonce à M. Baker, secrétaire d'État américain, que l'URSS va retirer deux mille huit cents des onze mille soldats soviétiques présents à Cuba. Une déclaration américano-soviétique, rendue publique le 13, prévoit que les États-Unis et l'URSS cesseront, le 1er janvier 1992, toute livraison d'armes aux parties en conflit en Afghanistan (4, 5, 7, du 11 au 26 et 28).

17   Alexandre Soljenitsyne est blanchi de l'accusation de « *trahison* » lancée contre lui lors de son exil forcé en 1974. Mais l'écrivain, réfugié aux États-Unis, n'envisage pas son retour immédiat en URSS (17 et 19).

21 En Arménie, 99,31 % des 95 % d'électeurs se prononcent par référendum en faveur de l'indépendance de la plus petite des Républiques soviétiques. Les dirigeants indépendantistes, au pouvoir depuis plus d'un an, souhaitent respecter le processus légal de sortie de l'Union et conserver des liens économiques avec Moscou (22-23, 24 et 27).

23 Un accord sur un cessez-le-feu au Haut-Karabakh (région azerbaïdjanaise peuplée en majorité d'Arméniens, où des affrontements interethniques ont fait près de mille morts en trois ans) est conclu par les présidents arménien, Levon Ter-Petrossian, et azerbaïdjanais, Ayaz Moutalibov, grâce à la médiation engagée le 20 par les présidents russe, Boris Eltsine, et kazakh, Noursoultan Nazarbaev. Mais cet accord n'est pas vraiment suivi d'effets sur le terrain (4, 18 et du 22 au 28).

24 L'état d'urgence est instauré en Géorgie par le président Zviad Gamsakhourdia, alors que se multiplient les manifestations à Tbilissi pour protester contre ses méthodes autoritaires et réclamer sa démission. Les principaux dirigeants de l'opposition sont retranchés depuis le 22 dans l'immeuble de la télévision, sous la protection de la garde nationale rebelle (du 4 au 12, 14, 17, 18, 20, 24 et du 26/IX au 2/X). ■

Culture

2   M. Jack Lang inaugure la première Biennale d'art contemporain de Lyon, consacrée à la création en France (6).

3   Mort de Frank Capra, cinéaste américain (5).

10   Merce Cunningham et sa compagnie de danse ouvrent le Festival d'Automne à Paris avec une création mondiale, *Loosestrise*, donnée au Théâtre de la Ville (12, 13, 20, 27).

10   Mort de Michel Soutter, cinéaste suisse (12).

12   A l'Altes Museum de Berlin, l'exposition « Rembrandt, le maître et son atelier » présente quarante-six tableaux attribués avec certitude au peintre hollandais (26).

13   La Royal Academy of Arts de Londres consacre une vaste exposition à l'histoire du pop art dans les années 60 (26).

14   *Urga*, du Soviétique Nikita Mikhalkov, obtient le Lion d'or de la quarante-huitième Mostra du cinéma de Venise (5 et du 7 au 17).

17   Mort du violoniste Zino Francescatti (18 et 19).

21   Le Théâtre impérial de Compiègne est inauguré cent vingt et un ans après sa construction, avec *Henri VIII*, opéra de Saint-Saëns, mis en scène par Pierre Jourdan (25).

26   Mort de l'actrice Viviane Romance (27 et 28).

27   Le Théâtre du Châtelet ouvre sa saison avec *Lulu*, opéra d'Alban Berg, avec Patricia Wise dans le rôle-titre (29-30).

28   Mort de Miles Davis, trompettiste de jazz (1er/X).   ■

Octobre

- Palestiniens et Israéliens autour d'une même table à Madrid

- Défaite de Kenneth Kaunda à l'élection présidentielle en Zambie

- Démantèlement du KGB en URSS

- Vague de xénophobie en Allemagne

- Le prix Nobel de la paix à Mme Suu Kyi, démocrate birmane

- Agitation paysanne dans toute la France

- Le scandale de la transfusion sanguine atteint le monde politique

France

2 Eurocom, filiale d'Havas, et RSCG annoncent leur fusion pour former Euro-RSCG, le premier groupe publicitaire européen et le sixième mondial (3, 4 et 5).

3 Le projet de loi sur la réduction du service militaire est adopté en première lecture à l'Assemblée nationale. Lors du débat, le RPR se prononce pour la suppression de la conscription et la formation d'une armée de métier (3, 4 et 25).

5 Le projet de loi sur la création d'une agence du médicament est considéré comme adopté en première lecture à l'Assemblée nationale. Mme Cresson avait dû, le 4, engager la responsabilité du gouvernement sur ce texte qui rassemblait l'hostilité du RPR, de l'UDF, de l'UDC et du PCF (5, 6-7, 30 et 31).

9 Le conseil des ministres approuve deux projets de loi créant un statut pour les élus locaux (10 et du 20 au 24).

9 M. Louis Mermaz annonce des « *mesures d'urgence* » en faveur des éleveurs. Mais ce plan ne calme pas l'agitation paysanne : les agriculteurs multiplient les manifestations violentes dans plusieurs régions. Le 19, M. Mitterrand demande au gouvernement de faire respecter l'autorité de l'État, avant de dénoncer, le 22, sur France-Inter, des « *bandes* » qui « *mettent en péril la République* ». Le 24, des déclarations du chef de l'État au *Journal du Centre*, donnant des réponses positives à la plupart des revendications paysannes et proposant des « *états généraux* » du monde rural, sont bien accueillies par les agriculteurs. Les jours suivants, un calme relatif est rétabli dans les campagnes (du 1er au 26 et du 29/X au 1er/XI).

11-13   Lors du huitième congrès du CDS, à Angoulême, les centristes maintiennent M. Pierre Méhaignerie à leur présidence, tout en élisant M. Dominique Baudis président exécutif et M. Bernard Bosson secrétaire général du parti (5, 9, du 12 au 15 et 18).

12-13   Devant la convention nationale du PS, réunie à Paris, M. Pierre Mauroy appelle les socialistes à constituer une « *fédération de progrès* » avec de nouveaux partenaires comme les écologistes ou les communistes critiques. Pour les législatives, le premier secrétaire du PS propose « *un mode de scrutin mixte, qui ferait une part à la représentation proportionnelle* » (2, 4, 5, du 8 au 22, 26, 27-28 et 31/X, 1er/XI).

14   M. Roger Quilliot, maire socialiste de Clermont-Ferrand depuis 1973, annonce sa démission en affirmant que sa ville est « *condamnée à la mort lente par l'indifférence apparente des pouvoirs publics* ». Reçu à l'Élysée puis à Matignon, il accepte, le 29, de reprendre sa démission (16, 17, 18, 25, 26 et 31/X, 10-11/XI).

15   Le projet de loi sur la répression du travail clandestin est voté en première lecture par les députés, qui utilisent pour la première fois la procédure du vote personnel proposée par M. Fabius pour lutter contre l'absentéisme (26/IX, 3, 10, 11, 12 et 17/X).

15   Deux décrets sur le fichage informatisé des personnes par les renseignements généraux, qui avaient dû être annulés en mars 1990, sont publiés au *Journal officiel* après avoir été modifiés pour mieux garantir les libertés individuelles (16).

16 Mme Martine Aubry annonce en conseil des ministres des mesures pour favoriser l'embauche des jeunes sans qualification et le développement des emplois de « *services aux personnes* » (4, du 13 au 18, 23 et 31/X, 2/XI).

16 Le gouvernement et la Sécurité sociale concluent un accord pour aboutir à une « *maîtrise négociée* » des dépenses de santé (6-7, 11, 18 et 29).

17 Seize personnes sont tuées en gare de Melun dans la collision entre le train Nice-Paris et un train de marchandises qui ne s'était pas arrêté à un feu rouge (du 18 au 21).

17 Des brutalités policières lors d'une manifestation d'infirmières à Paris provoquent des protestations, notamment dans les milieux politiques. Après la reprise du mouvement revendicatif d'octobre 1988, des négociations entre les infirmières et M. Bruno Durieux, ministre délégué à la santé, se sont ouvertes le 14, mais elles ne permettent pas d'aboutir à un accord avant la fin du mois (21 et 28/IX, 8, 10, du 12 au 25, 30 et 31/X).

17 La Banque de France abaisse son taux directeur de 9 % à 8,75 % (du 17 au 21).

20 La partie recettes du projet de budget pour 1992 est considérée comme adoptée en première lecture à l'Assemblée nationale, après l'engagement, le 19, de la responsabilité du gouvernement. Le 22, le RPR, l'UDF et l'UDC déposent une motion de censure dénonçant « *l'échec de la politique économique* », qui ne recueille, le 24, que 264 des 289 voix nécessaires pour renverser le gouvernement (du 11 au 21 et du 24/X au 2/XI).

21 Trois anciens responsables de la santé, le professeur Jacques Roux et les docteurs Robert Netter et Michel Garretta, sont inculpés dans l'affaire de la contamination d'hémophiles par le virus du sida lors de transfusions sanguines en 1984 et 1985. Une polémique s'ensuit sur les responsabilités politiques, et M. Laurent Fabius, alors premier ministre, rejette des accusations lancées par le professeur Roux. Le 30 est annoncé un accord entre l'État et les compagnies d'assurances sur l'indemnisation des personnes contaminées (du 4 au 8, 13-14, 15 et du 18/X au 2 et 6/XI).

22 Le gouvernement et quatre syndicats de fonctionnaires (CFDT, FEN, CFTC et autonomes) se mettent d'accord sur un compromis salarial qui prévoit une progression de 6,5 % jusqu'en février 1993 (2, 5, 10, 18, 20-21, 23, 24 et 27-28/X, 12, 14 et 15/XI).

23 En septembre, le déficit du commerce extérieur a atteint 3,3 milliards de francs, le nombre de chômeurs s'est accru de 1 % et les prix ont augmenté de 0,2 % (16, 17, 24 et 27-28/X, 1er/XI).

24 Le mot d'ordre de grève générale, lancé par FO et auquel s'est associée la CGT, est peu suivi sauf dans les transports (12, 13-14 et du 20 au 26).

24 Un sondage réalisé par la SOFRES pour *le Monde* et RTL indique que 65 % des Français considèrent que le Front national représente un danger pour la démocratie, mais que 32 % (+ 14 % en un an) se déclarent d'accord avec les idées défendues par M. Jean-Marie Le Pen (13-14, 15, 25, 26 et 30).

26-27 Le RPR, réuni en congrès à Paris, approuve un programme de gouvernement. Le 23, dans un article publié par *le Monde*, M. Chirac avait proposé une réforme des institutions (23, 24, 27-28, 29 et 31).

27 Le procès de la captation d'héritage et la séquestration de Suzanne de Canson, commencé le 7 devant la cour d'assises du Var, s'achève par la condamnation de la principale accusée, Joëlle Pesnel, à treize ans de réclusion criminelle (10, 16, 17, 20-21, 25 et 29).

30 Le juge Bruguière, mettant directement en

cause la Libye dans l'attentat du 19 septembre 1989 contre un DC-10 d'UTA, lance quatre mandats d'arrêt internationaux contre de hauts responsables des services de renseignements libyens (31/X et 1ᵉʳ/XI).

30-31 M. Mitterrand, recevant M. Gorbatchev, de retour de Madrid, dans sa « bergerie » landaise de Latche, lui confirme son soutien ainsi qu'à l' « *Union* » (29 et 30/X, 1ᵉʳ et 2/XI). ∎

Étranger

1ᵉʳ TCHÉCOSLOVAQUIE : Le président Vaclav Havel signe à Paris un traité d'amitié et de coopération avec la France. D'autres traités sont paraphés, le 3, avec l'URSS, le 6, avec la Pologne et le 8, avec l'Allemagne (2, 3, 5 et 8).

1ᵉʳ-3 FRANCE - NICARAGUA : Visite officielle en France de Mᵐᵉ Violeta Chamorro, présidente du Nicaragua (1ᵉʳ, 3 et 5).

2 CEE : La Commission de Bruxelles met son veto au rachat du constructeur aéronautique canadien De Havilland par le français Aérospatiale et l'italien Alenia, affirmant que ce rachat constituerait une menace pour la concurrence sur le marché des avions de transport régionaux. Cette décision est vivement critiquée en France et en Italie (du 3 au 11, 18 et 23/X, 2/XI).

2 ÉTATS-UNIS : IBM et Apple annoncent, trois mois après un accord technologique sur les logiciels, une alliance globale pour faire face à la crise mondiale de l'informatique (4 et 22).

3 TURQUIE : Mort de Dimitrios Iᵉʳ, patriarche de Constantinople depuis 1972. Bartholomée Iᵉʳ est élu le

22 pour lui succéder et devenir le nouveau primat de l'Église orthodoxe (1er, 4, 6-7, 10 et 24/X, 5/XI).

4 SUÈDE : Après les élections du 15 septembre, M. Carl Bildt forme un gouvernement minoritaire de centre droit, qui prévoit de réduire les dépenses publiques et la pression fiscale (5 et 6-7).

5 URSS : M. Gorbatchev, répondant au discours de M. Bush du 27 septembre, présente des propositions de désarmement encore plus radicales, prévoyant une liquidation totale des armes nucléaires tactiques, une réduction des forces armées de sept cent mille hommes, un gel du programme d'armements stratégiques offensifs ainsi que l'acceptation de coopérer avec les États-Unis à une défense antimissile (du 1er au 5, 8, 9, 16 et 17).

6 PORTUGAL : Aux élections législatives, le Parti social-démocrate (centre droit) de M. Anibal Cavaco Silva, premier ministre depuis octobre 1985, conserve la majorité absolue avec 135 des 230 sièges du Parlement (2, 6-7, 8 et 31).

7 POLOGNE - URSS : Un accord est conclu sur le retrait des cinquante mille soldats soviétiques de Pologne avant la fin de 1992 (10).

8 HAÏTI : L'Organisation des États américains (OEA) décrète un embargo commercial, auquel s'associent plusieurs pays, alors qu'à Port-au-Prince se poursuit la répression contre les partisans du président Aristide, renversé le 30 septembre par un putsch militaire (du 1er au 18, du 23 au 26 et du 30/X au 2 et 5/XI).

8 YOUGOSLAVIE : La Croatie et la Slovénie confirment leur accession à l'indépendance, à l'expiration du moratoire de trois mois qu'elles avaient accepté le 7 juillet à la demande de la CEE. Alors que le bloc serbe de la présidence collégiale s'est emparé du pouvoir fédéral, le 3, en décrétant le « *danger de guerre* *imminent* », de violents combats se poursuivent en Croatie, notamment autour de Dubrovnik encerclée par l'armée fédérale depuis le 1er. L'accord de cessez-le-feu conclu le 8 n'est pas mieux respecté que les précédents (du 2 au 14).

10 ALLEMAGNE : Le gouvernement et l'opposition social-démocrate s'entendent sur des mesures pour accélérer les procédures d'expulsion tout en condamnant fermement les violences racistes, qui se multiplient contre les étrangers (1er, 3, 4, 5, 8, 12, 15, 16 et 29).

10-14 CUBA : Lors du quatrième congrès du PC, M. Fidel Castro fait approuver le maintien de la ligne communiste orthodoxe, malgré l'isolement de Cuba et la grave crise économique que traverse le pays (du 11 au 16, 18, 22, 25 et 26).

11 IRAK : Le Conseil de sécurité vote à l'unanimité la résolution 715, qui place sous le contrôle de l'ONU l'ensemble de l'industrie militaire irakienne, après la découverte, fin septembre, de documents prouvant l'existence d'un programme de construction de bombes à hydrogène (3, 5, 10, 13-14 et 23).

11 URSS : Le Comité pour la sécurité d'État (KGB) est supprimé et remplacé par quatre services indépendants chargés du renseignement et du contre-espionnage (2, 4, 13-14, 15 et 17).

11-17 THAÏLANDE : L'URSS, qui a obtenu, le 5, un statut d' « *associé spécial* » auprès du FMI, participe pour la première fois, du 15 au 17, à l'assemblée générale du FMI et de la Banque mondiale ainsi qu'aux réunions économiques et financières qui la précèdent à Bangkok, en Thaïlande. Une aide financière d'urgence de 7,5 milliards de dollars est promise à l'URSS, à raison d'un tiers chacun, par la CEE, les États-Unis et le Japon (1er et du 4 au 19).

12 URSS : En Géorgie, après un accord avec

l'opposition, le Parlement vote une limitation des pouvoirs du président Gamsakhourdia (du 1ᵉʳ au 8 et 15).

12   URSS : Au Kirghizstan, M. Askar Akaev, président du Parlement depuis octobre 1990, remporte l'élection présidentielle avec 95 % des suffrages (12/IX et 15/X).

12-21   VATICAN : Le deuxième voyage de Jean-Paul II au Brésil n'attire pas d'aussi grandes foules que prévu (12, 15, 16, 18 et 22).

13   BULGARIE : Aux élections législatives anticipées, l'Union des forces démocratiques, principal rassemblement d'opposition, arrive en tête avec 110 des 240 sièges, devançant de peu le Parti socialiste (ex-communiste), qui n'obtient que 106 sièges alors qu'il avait conservé 211 des 400 sièges lors du scrutin de juin 1990. Les 24 autres sièges sont remportés par le parti qui représente la minorité turque (12, 15, 16 et 18).

14   BIRMANIE : Le prix Nobel de la paix est attribué à Mᵐᵉ Aung San Suu Kyi, dirigeante de l'opposition birmane détenue depuis juillet 1989 par la junte militaire au pouvoir (15, 16 et 19/X, 3-4/XI).

14   FRANCE - ALLEMAGNE : MM. Mitterrand et Kohl font part à leurs partenaires de la CEE d'une initiative commune visant à resserrer les liens entre les Douze en matière de défense. Ils annoncent la création d'un corps d'armée franco-allemand, qui pourrait être l'embryon d'une force européenne au sein de l'UEO. Ces propositions reçoivent un accueil plutôt favorable, sauf à Londres et à Washington (du 6 au 10, 13-14, 17, 18, 22, 23 et 31/X, 3-4/XI).

14-15   NIGÉRIA : Près de trois cents chrétiens sont massacrés par des intégristes musulmans à Kano, dans le nord du pays (du 16 au 21).

15   ALGÉRIE : Le premier tour des élections

législatives qui avaient été reportées en juin est fixé au 26 décembre. La loi électorale, votée le 13, n'a pas été modifiée autant que le souhaitait le gouvernement, en raison du refus des députés, presque tous membres du FLN (2, du 5 au 10, du 15 au 18, 26 et du 30/X au 2/XI).

15 ÉTATS-UNIS : La nomination du juge Clarence Thomas à la Cour suprême est confirmée par le Sénat, bien qu'il ait été accusé de harcèlement sexuel par l'une de ses anciennes collaboratrices (10, du 13 au 17 et 20-21).

15 ROUMANIE : M. Theodor Stolojan, nommé premier ministre le 1er, forme un gouvernement « *d'ouverture* », dont seuls deux membres de l'opposition ont accepté de faire partie (3, 4, 13-14, du 16 au 19 et 31).

16 URSS : En Arménie, M. Levon Ter-Petrossian, président du Parlement depuis le 4 août 1990, remporte l'élection présidentielle avec 83 % des suffrages (19 et 24).

17 OTAN : Les ministres de la défense, réunis en Sicile, annoncent une réduction de 80 % des armes nucléaires tactiques en Europe (10 et 19).

17-18 FRANCE-ITALIE : Douzième sommet franco-italien à Viterbe, au nord de Rome (2 et 20-21).

18 URSS : Un traité d'union économique, dont le texte laisse en suspens plusieurs points importants, est signé à Moscou par huit des douze Républiques. L'Ukraine, l'Azerbaïdjan, la Géorgie et la Moldavie refusent d'y adhérer. Le 21, l'Arménie s'ajoute à ces quatre Républiques pour boycotter la première session du nouveau Soviet suprême, réuni à Moscou. Les députés des sept autres Républiques écoutent avec scepticisme M. Gorbatchev annoncer des mesures qu'il ne semble plus pouvoir faire appliquer (3, 4 et du 11 au 23).

18 YOUGOSLAVIE : Les médiateurs européens présentent à la conférence de La Haye un plan de règlement politique en douze points, qui prévoit de substituer à la fédération yougoslave une « *association souple de Républiques souveraines et indépendantes* ». La Serbie est la seule des six Républiques à rejeter les propositions européennes. Sur le terrain, en dépit de la conclusion à La Haye d'un dixième cessez-le-feu, les combats continuent : l'armée fédérale renforce ses positions en Croatie et se rapproche de Dubrovnik, assiégée depuis trois semaines (15/X au 2/XI).

20 SUISSE : Aux élections législatives, la coalition gouvernementale de quatre partis, au pouvoir depuis 1959, perd 14 sièges mais en conserve 147 sur 200. Le Parti des automobilistes (populiste) passe de 2 à 8 sièges (19, 22 et 23).

20 TURQUIE : Aux élections législatives, le Parti de la mère patrie (centre droit), au pouvoir depuis 1983, n'obtient que 115 (− 177) des 450 sièges du Parlement. Il est devancé par le Parti de la juste voie (conservateur) de M. Suleyman Demirel, qui remporte 178 sièges (+ 119). Le Parti populiste social-démocrate (gauche), avec 88 sièges (dont 22 remportés par des nationalistes kurdes), perd 11 sièges, tandis que le Parti de la prospérité, qui regroupe des islamistes et des nationalistes, fait son entrée au Parlement avec 62 sièges. Après la démission, le 21, de M. Mesut Yilmaz, premier ministre depuis juin, M. Demirel est chargé de former son septième gouvernement depuis 1965 (11, 18, 19, 22 et 23/X, 6/XI).

21 COMMONWEALTH : Les cinquante pays membres, réunis depuis le 16 à Harare (Zimbabwe) pour leur sommet biennal, décident une levée partielle et conditionnelle des sanctions contre l'Afrique du Sud (17, 20-21 et 23).

21 LIBAN : Un nouvel otage, M. Jesse Turner, un enseignant américain enlevé le 24 janvier 1987, est libéré à Beyrouth quelques heures après qu'Israël eut relâché quinze prisonniers chiites libanais (8, 22 et 23).

21 ZAÏRE : M. Étienne Tshisekedi, opposant qui a été nommé premier ministre fin septembre et dont le gouvernement a été investi le 16, est révoqué par le président Mobutu et remplacé, le 23, par M. Mungul Diaka malgré les protestations de l'opposition. Tandis qu'une nouvelle vague d'émeutes et de pillages provoque l'évacuation de plusieurs centaines d'Européens, la France et la Belgique, déplorant l'absence de démocratisation, décident, le 25, d'interrompre leur coopération civile et militaire : les derniers soldats français quittent Kinshasa le 31 (du 1er au 14, 16 et à partir du 18).

21-22 FRANCE - LIBAN : Visite officielle en France de M. Elias Hraoui, président du Liban (10, 16, 22, 23 et 25).

22 EUROPE : Les douze membres de la Communauté économique européenne (CEE) et les sept de l'Association européenne de libre-échange (AELE) concluent un accord sur la création en 1993 d'un espace économique européen (EEE) commun (15 et 23).

23 CAMBODGE : L'accord de paix sur le Cambodge est signé par les participants à la conférence internationale de Paris, dont les travaux avaient été « *suspendus* » le 30 août 1989. Il met fin à vingt et un ans de guerre et place le pays sous la tutelle des Nations unies jusqu'à l'organisation d'élections libres, prévues pour le début de 1993 (3, 12 et du 18 au 28/X, 1er et 2/XI).

24 BRÉSIL : Le gouvernement commence son programme de privatisations en vendant aux enchères l'entreprise sidérurgique Usiminas (27-28).

25 FRANCE - ESPAGNE : Cinquième sommet franco-espagnol à Madrid (27-28).

25 FRANCE - IRAN : L'accord mettant fin au contentieux financier qui oppose la France à l'Iran depuis douze ans est paraphé à Paris (du 25 au 29).

26 URSS : En Turkménie, 94 % des électeurs se prononcent par référendum en faveur de l'indépendance, qui est proclamée le 27 (29).

27 COLOMBIE : Aux élections législatives, l'abstention atteint 65 %. Le Parti libéral au pouvoir reste la principale formation politique avec plus de 50 % des suffrages (27-28 et 29).

27 JAPON : M. Kiichi Miyazawa est élu par le parti au pouvoir, le Parti libéral-démocrate, pour succéder, le 5 novembre, à M. Toshiki Kaifu, premier ministre depuis août 1989. Ce dernier avait annoncé son retrait, le 4, après avoir perdu le soutien du principal clan du PLD (5, 6-7, 11, 13-14, 20-21, 27-28 et 29).

27 POLOGNE : Seuls 43,2 % des inscrits participent aux premières élections législatives totalement libres depuis 1936. Vingt-neuf partis se répartissent les 460 sièges de la Diète, mais ils ne sont que deux à dépasser les 10 % de suffrages : l'Union démocratique de M. Tadeusz Mazowiecki, ancien premier ministre, avec 12,31 % et 62 sièges ; l'Alliance de la gauche démocratique formée par les ex-communistes, avec 11,98 % et 60 sièges (du 24/X au 2/XI).

28 CEE : Les ministres de la pêche des Douze décident un élargissement progressif des mailles des filets pour préserver les ressources en poissons des eaux européennes (27-28, 29 et 31/X, 3-4/XI).

28 URSS : Les douze Républiques reconnaissent leur responsabilité conjointe sur la dette extérieure soviétique, évaluée à près de 400 milliards de francs (27-28 et 30/X, 1er et 3-4/XI).

29 GRANDE-BRETAGNE - VIETNAM : Un accord est signé entre Londres et Hanoï sur le rapatriement forcé des « boat people » de Hongkong (19, 23 et 31).

31 ARGENTINE : Le président Carlos Menem annonce un vaste plan de déréglementation afin de libéraliser l'économie et de lutter contre la corruption en supprimant une bureaucratie jugée « *inutile* » (3-4/XI).

31 EUROPE : Les ministres de l'intérieur ou de la justice de vingt-sept États européens, réunis à Berlin, décident de coordonner leur lutte contre l'immigration clandestine de l'Est vers l'Ouest (2 et 16/XI).

31 ZAMBIE : A l'élection présidentielle, M. Kenneth Kaunda, chef de l'État depuis l'indépendance en octobre 1964, est battu par M. Frederick Chiluba, ancien dirigeant syndical, qui remporte 76 % des suffrages. Aux premières législatives multipartites depuis vingt ans, le Mouvement pour la démocratie et le multipartisme, parti de M. Chiluba et principale formation de l'opposition, obtient 125 des 150 sièges du Parlement, contre 25 au Parti unifié de l'indépendance nationale, qui a été le parti unique de décembre 1972 à décembre 1990 (1er, 3-4 et 5/XI). ◼

LA CONFÉRENCE DE MADRID
SUR LE PROCHE-ORIENT

Du 13 au 18, M. James Baker, secrétaire d'État américain, effectue sa huitième tournée depuis mars au Proche-Orient.

Le 18, à Jérusalem, il annonce, conjointement avec M. Boris Pankine, ministre soviétique des affaires étrangères, que la conférence de paix est convoquée pour le 30 à Madrid. Les représentants palestiniens, qui sont censés ne pas être membres de l'OLP, feront partie d'une délégation jordano-palestinienne. Peu avant cette annonce, M. Pankine a signé le rétablissement des relations diplomatiques entre Israël et l'URSS. Elles avaient été rompues par Moscou en juin 1967 lors de la guerre des Six-Jours.

Le 19, la rencontre à Damas entre M. Yasser Arafat et le président Hafez El Assad scelle la réconciliation entre l'OLP et la Syrie.

Le 29, M. George Bush et M. Mikhaïl Gorbatchev soulignent à Madrid que les États-Unis et l'URSS, parrains de la conférence, veulent être des « *catalyseurs* », mais se refusent à « *imposer un règlement* » au Proche-Orient. Lors d'un entretien avec M. Gorbatchev, M. Bush lui réaffirme son soutien, souhaitant le maintien d'un pouvoir central en URSS.

Le 30, la conférence de paix s'ouvre par une séance plénière de trois jours dans la salle des Colonnes du palais royal à Madrid. Pour la première fois depuis la création de l'État juif en 1947, Israël, ses voisins arabes et les Palestiniens sont réunis autour de la même table. Les discours de MM. Bush et Gorbatchev sont suivis par ceux des ministres des affaires étrangères égyptien et néerlandais, ce dernier parlant au nom de la CEE. Se succèdent ensuite, le 31, les interventions de M. Itzhak Shamir, premier ministre israélien, qui a tenu à diriger la délégation de son pays, puis celles du chef de la délégation palestinienne et des ministres des affaires étrangères jordanien, libanais et syrien. Les représentants de l'ONU, du Conseil de coopération du Golfe et de l'Union du Maghreb arabe, qui sont présents à titre d'observateurs, ne prennent pas la parole. Chacun exprime ses positions sans concession et le climat de la conférence reste glacial. La session d'ouverture s'achève même, le 1er novembre, par de vifs échanges entre Israël et la Syrie, tandis que le désaccord entre Arabes et Israéliens sur la localisation de la suite des pourparlers ne parvient toujours pas à être réglé (3 et à partir du 6). ▪

Culture

3   Le prix Nobel de littérature est attribué à Nadine Gordimer, romancière sud-africaine engagée dans la lutte contre l'apartheid (4, 5 et 25).

4   Patrice Chéreau met en scène *le Temps et la Chambre* de Botho Strauss à l'Odéon-Théâtre de l'Europe (10 et 11).

7   Le prix Nobel de médecine est attribué à Erwin Neher et Bert Sakmann (Allemagne) pour leurs découvertes en biologie cellulaire sur les canaux ioniques (8).

7   Mort de Natalia Ginzburg, écrivain et éditrice italienne (9).

10   Le Grand Palais organise la première grande rétrospective de Théodore Géricault, pour le bicentenaire de la naissance du peintre (11).

12   La version française de la comédie musicale de Claude-Michel Schönberg et d'Alain Boublil, tirée des *Misérables*, de Victor Hugo, est présentée à Paris, au Théâtre Mogador. Créée à Londres en 1985, elle a déjà été vue par 21 millions de spectateurs dans plus de vingt pays (25 et 31).

15   Le prix Nobel d'économie est attribué à Ronald Coase (Grande-Bretagne) pour ses recherches sur les entreprises et l'organisation industrielle (16 et 17).

16   Le prix Nobel de physique est attribué à Pierre-Gilles de Gennes (France), pour ses travaux sur les supraconducteurs, les cristaux liquides et les polymères. Le prix Nobel de chimie récompense Richard Ernst (Suisse), dont les apports théoriques ont favorisé le développement de la spectroscopie à résonance magnétique nucléaire (17, 18 et 23).

Novembre

- Retour du prince Sihanouk à Phnom-Penh

- Un Africain désigné pour la première fois à la tête des Nations unies

- M. Mitterrand annonce des réformes constitutionnelles

- Gérard d'Aboville achève sa traversée du Pacifique à la rame

- Rétrospectives Giacometti et Max Ernst à Paris

- Mort d'Yves Montand

France

2 L'inculpation de Christian Van Geloven pour le
viol et l'assassinat de deux fillettes de dix ans, qu'il
avait enlevées le 19 octobre à Elne (Pyrénées-Orien-
tales), relance le débat sur le rétablissement de la peine
de mort. M. Mitterrand s'y déclare opposé, le 10, mais
estime qu' « *il faudrait être plus sévère sur la durée des
peines incompressibles* » (du 5 au 12, 16 et 28).

5 Usinor-Sacilor annonce la suppression de
6 700 emplois avant la fin de 1994. La restructuration
concerne surtout Unimétal, filiale spécialisée dans les
aciers longs courants (1er, 8, 9, 16, 19, et 21).

6 La cour d'assises spéciale des Alpes-Maritimes
condamne à des peines de huit à dix-huit ans de
réclusion criminelle les quatre responsables d'attentats racistes commis entre 1985 et 1988, principale-
ment contre des foyers de travailleurs immigrés (30 et
31/X, 1er, 7 et 8/XI).

7 Le gouvernement annonce le transfert de l'ÉNA à
Strasbourg ainsi que la délocalisation en province ou
en banlieue parisienne d'une vingtaine d'organismes
publics. Les élèves et la direction de l'ÉNA ainsi que les

fonctionnaires délocalisés protestent vivement contre ces décisions (du 7 au 21, 23, 28 et 29/XI, 1er-2/XII).

7 M. Alain Boublil est inculpé de délit d'initié dans l'affaire Pechiney. Directeur du cabinet de M. Bérégovoy lors du rachat d'American Can par Pechiney en novembre 1988, il avait été contraint de démissionner en janvier 1989 après la révélation du scandale (8 et 9).

7 Mort de Gaston Monnerville, président du Sénat de 1948 à 1968 (9, 10-11 et 14).

8 Le travail reprend à l'usine Renault de Cléon après trois semaines de grève. Avant l'intervention des forces de l'ordre, le 5, le conflit, mené par la CGT, paralysait l'approvisionnement de l'ensemble du groupe automobile. A l'usine du Mans, un autre conflit, commencé le 4, s'achève le 15 (19 et du 23/X au 18 et 22/XI).

9-10 M. Valéry Giscard d'Estaing, réélu président de l'UDF pour trois ans par le nouveau conseil national réuni à la Défense, se félicite que l'UDF soit devenu un « *grand mouvement du centre et du centre droit* ». La motion finale souhaite une « *alternance franche* » en 1993 et « *exclut catégoriquement tout accord politique avec l'extrême droite* » (7 et du 9 au 12).

9-11 Les Verts, réunis en assemblée générale à Saint-Brieuc, refusent toute alliance électorale avec les « *partis productivistes* », alors qu'ils sont sollicités à la fois par le RPR, l'UDF et le PS (du 10 au 13/XI et 3/XII).

10 M. Mitterrand, invité de la Cinq, annonce son intention de soumettre aux Français une réforme des institutions au second trimestre de 1992, qui porterait notamment sur la durée du mandat présidentiel. Il approuve la proposition d'un mode de scrutin mixte (majoritaire-proportionnel) pour les législatives de 1993. Présentée par M. Mauroy, cette proposition suscite au PS les réserves de MM. Rocard, Fabius et

Jospin, tandis que le RPR et l'UDF la refusent, le 21, en la qualifiant de « *manœuvre* » et de « *tricherie* » (6, 7, 8, du 12 au 23 et du 26 au 29).

12 Le fichier des juifs établi par la préfecture de police de Paris sous l'Occupation, qu'on croyait égaré ou détruit, est retrouvé dans les archives du secrétariat d'État aux anciens combattants (du 13 au 16, 19 et 21).

15 Cinq organisations d'infirmières sur neuf acceptent un accord avec le gouvernement pour mettre fin à sept semaines de conflit (3-4, 7, 9, 10-11, 14, 15, 17-18, 21 et 27).

16 Le Front national présente « *cinquante mesures concrètes* » pour « *régler le problème de l'immigration* ». Ces propositions, qui ne sont qu'une « *base de travail* », selon M. Le Pen, suscitent l'indignation de tous les partis, de la droite libérale à l'extrême gauche (du 19 au 26 et 30).

17 Plus de cent mille personnes participent à Paris à la manifestation nationale organisée par les professions de santé pour protester contre les projets du gouvernement visant à réformer le système d'assurance-maladie (du 15 au 19 et 24-25).

18 Le projet de budget pour 1992 est considéré comme adopté en première lecture à l'Assemblée nationale. Après l'engagement, le 16, de la responsabilité du gouvernement, la motion de censure déposée par l'opposition ne recueille que 264 voix. Auparavant, seuls les crédits de trois ministères, ceux des affaires étrangères, des postes et télécommunications et des départements et territoires d'outre-mer, avaient pu être votés, grâce à l'abstention du groupe UDC (du 6 au 11, du 14 au 21 et du 24/XI au 2/XII).

19 Les députés adoptent à l'unanimité, en première lecture, un projet de loi qui autorise les enquêteurs à infiltrer des réseaux de trafiquants de drogue (21, 22 et 26).

19-21 Le quatrième sommet francophone rassemble à Paris les représentants de cinquante États ou communautés utilisant le français. Vingt chefs d'État (dont le Père Aristide, président d'Haïti renversé le 30 septembre) et quatorze chefs de gouvernement y participent. Le processus de démocratisation en cours, en particulier en Afrique, est encouragé, mais M. Mitterrand concède aux pays du Sud le droit d'en fixer « *les modalités et le rythme* » (du 17 au 23).

20 M. Henri Nallet annonce un projet de réforme de la procédure pénale, qui prévoit de renforcer les droits de la défense et de confier à plusieurs magistrats les mises en détention (21, 22 et 27).

20 En s'imposant contre l'Islande (3-1) au Parc des Princes, l'équipe de France de football, dirigée depuis novembre 1988 par Michel Platini et invaincue depuis mars 1989, se qualifie pour la phase finale du championnat d'Europe des nations 1992 après avoir remporté les huit matches des éliminatoires, ce qu'aucune équipe n'avait jamais accompli (15/X et 22/XI).

21 La commission d'enquête de l'Assemblée nationale sur le financement des partis et des campagnes électorales depuis 1958 rend public son rapport, qui constate que les lois de 1988 et 1990 instaurant un financement public des partis n'ont pas fait cesser les « *pratiques occultes* » (du 22 au 25).

25 Le groupe Pinault prend le contrôle du Printemps en rachetant la participation de la famille suisse Maus, actionnaire principale depuis vingt ans (du 26 au 28).

25 En octobre, le nombre des chômeurs s'est accru de 0,9 %, la balance du commerce extérieur a été excédentaire de 6,6 milliards de francs et les prix ont augmenté de 0,4 % (16, 27, 28 et 30).

27 Le conseil des ministres approuve le projet de loi d'indemnisation des hémophiles et des transfusés contaminés avant 1990 par le virus du sida. Ce texte, qui est inséré dans un projet de loi portant diverses mesures d'ordre social et qui prévoit un prélèvement sur les contrats d'assurance de biens, suscite de nombreuses critiques (du 5 au 9, 12, 14, 20, 22 et du 27 au 30).

27 Lors d'un débat sur la construction européenne à l'Assemblée nationale, M. Roland Dumas affirme que la France a fait le choix d'une « *union à vocation fédérale* » et qu'elle a « *pris le parti d'une mutation fondamentale vers une entité supranationale* » (28 et 29).

27 La CFDT, la CFTC, la CFE-CGC et la FEN organisent une « *réunion de travail* » commune sur l'emploi. Ces quatre syndicats réclament des « *états généraux* » sur ce thème avec le gouvernement et le patronat (28 et 29).

28 Un comité interministériel d'aménagement du territoire décide de nouvelles mesures en faveur de l'agriculture et pour éviter le déclin des zones rurales. Il approuve aussi les plans de développement des enseignements supérieurs de dix nouvelles régions, ce qui porte à vingt sur vingt-deux le nombre des régions qui ont conclu leur schéma Universités 2000 (du 29/XI au 2 et 5/XII).

28 Le gouvernement présente un projet de réforme du statut des dockers, qui suscite une vive opposition de la CGT, en situation de quasi-monopole chez les travailleurs portuaires (29/XI, 1er-2 et 4/XII).

28 Le groupe italien Agnelli annonce une OPA sur Exor, un holding qui contrôle notamment Perrier (29 et 30).

29 L'offre publique de vente d'actions du Crédit local de France est un succès. L'État a cédé en Bourse 27 % du capital, mais il conserve la majorité avec la Caisse des dépôts (15 et 20/XI, 4, 6 et 7/XII).

29 M. Rolf Dobbertin, qui avait été condamné pour

espionnage en juin 1990 à douze ans de réclusion criminelle, est rejugé après cassation et acquitté par la cour d'assises spéciale de Paris (30/XI et 1er-2/XII).

30 L'Assemblée nationale vote en deuxième lecture, par 285 voix contre 283, le projet de réforme de l'administration territoriale. La création d'une dotation de développement rural a été ajoutée au texte (du 28/XI au 4/XII).

Étranger

1er URSS : Le Congrès des députés de Russie accorde à M. Boris Eltsine les pouvoirs spéciaux qu'il avait demandés, le 28 octobre, afin d'engager des réformes radicales pour libéraliser l'économie russe. Mais M. Eltsine subit un désaveu, le 11, lorsque le Parlement russe refuse d'entériner le décret qu'il avait signé, le 7, pour imposer l'état d'urgence en Tchétchéno-Ingouchie. Dans cette République autonome du Caucase rattachée à la Fédération de Russie, qui s'est révoltée pour obtenir son indépendance, le décret n'est pas appliqué, et M. Eltsine reconnaît, le 12, son « *erreur* » (26, 29 et 30/X, 1er, du 3 au 14, 17-18, 19 et 30/XI).

2 GRANDE-BRETAGNE : L'Australie remporte la deuxième Coupe du monde de rugby en battant (12-6) l'Angleterre à Twickenham (3, du 5 au 15, 22, 26 et 29/X, 1er, 3-4 et 5/XI).

3 NIGER : La conférence nationale, réunie depuis le 29 juillet à Niamey, s'achève après avoir privé le général Ali Saibou, chef de l'État depuis novembre 1987, de la plupart de ses pouvoirs. M. Amadou Cheffou, nommé premier ministre par la conférence le

26 octobre, forme le 7 un gouvernement de transition qui doit rester en fonctions jusqu'au 31 janvier 1993, date prévue pour les premières élections pluralistes (29/X, 6 et 9/XI).

3 PROCHE-ORIENT : Une première série de rencontres bilatérales entre Israéliens et Arabes a lieu à huis clos à Madrid après la séance inaugurale plénière de la conférence de paix, qui s'est achevée le 1er. Avec les Syriens et les Libanais, le climat reste tendu, alors qu'Israéliens et Palestiniens soulignent la « *bonne atmosphère* » de leurs premiers entretiens directs. Le 22, les États-Unis lancent des invitations pour la reprise des négociations bilatérales à Washington le 4 décembre. Les Jordaniens, les Libanais, puis les Palestiniens et les Syriens acceptent, mais les Israéliens, qui souhaitaient que les pourparlers se poursuivent au Proche-Orient, protestent contre les pressions américaines et demandent un délai jusqu'au 9 décembre (du 1er au 19 et du 23/XI au 3/XII).

5 ESPAGNE : Mort en mer de Robert Maxwell, patron britannique d'un groupe de communication international. Il est retrouvé noyé au large des Canaries, où croisait son yacht (du 7 au 19 et 27).

5 JAPON : M. Kiichi Miyazawa, élu premier ministre par la Diète, forme un gouvernement qui permet le retour au pouvoir de plusieurs personnalités mêlées à de récents scandales (du 6 au 9).

5 PHILIPPINES : Des inondations provoquées par le typhon Thelma font plus de cinq mille morts et cent vingt mille sans-abri dans l'île de Leyte (7, 8 et 10-11).

5-9 CHINE-VIETNAM : La visite à Pékin de MM. Do Muoi et Vo Van Kiet, chefs du PC et du gouvernement vietnamiens, entérine la normalisation des relations sino-vietnamiennes (2, 5 et 9).

6 FINANCES MONDIALES : La Réserve fédérale des États-Unis abaisse son taux d'escompte, qui est ramené de 5 % à 4,5 %, afin de tenter de relancer l'économie. De même, le 14, la Banque du Japon réduit son taux d'escompte de 5,5 % à 5 %. Mais, le 15, la Bourse de New York, inquiète de l'absence de reprise économique, chute de 3,9 %. Cette baisse, suivie d'un recul des Bourses européennes et japonaise, accentue le repli du dollar, qui descend, le 25, jusqu'à 1,58 DM, 128 yens et 5,41 F, tandis que le deutschemark se redresse vivement. A Paris, la Banque de France est contrainte, le 18, de relever son taux directeur de 8,75 % à 9,25 % pour défendre le franc (3-4, 6, du 8 au 11 et du 14/XI au 2/XII).

6 KOWEÏT : Le dernier des 732 puits de pétrole incendiés par les Irakiens en février est éteint (2 et 6).

7 ÉTATS-UNIS : « Magic » Johnson, basketteur très populaire, annonce publiquement qu'il est séropositif, afin de montrer que nul n'est à l'abri du sida. L'OMS estime, le 11, que cinq mille personnes sont contaminées chaque jour par le virus dans le monde, et que 75 % le sont à partir d'une relation hétérosexuelle (du 9 au 13).

7-8 OTAN : Les chefs d'État et de gouvernement des seize pays membres de l'alliance atlantique, réunis à Rome, tentent de définir un « *nouveau concept stratégique* » et décident de développer leurs relations avec les pays d'Europe de l'Est. Ils lancent aussi un appel à l'URSS et aux Républiques pour qu'une maîtrise de leurs armements nucléaires et chimiques soit assurée (du 7 au 12).

8 BULGARIE : M. Filip Dimitrov, président de l'Union des forces démocratiques, arrivée en tête aux législatives du 13 octobre, forme un gouvernement minoritaire qui ne comprend aucun communiste, pour la première fois depuis 1944 (6 et 10-11).

8 CORÉE : M. Roh Tae-woo, chef de l'État sud-coréen, annonce la dénucléarisation de son pays et demande celle de la péninsule tout entière, alors que les projets prêtés à la Corée du Nord de se doter de la bombe atomique inquiètent les pays de la région ainsi que les États-Unis (6, 9, 12, 13, 15, 16, 19, 22 et 29).

9   GRANDE-BRETAGNE : Des physiciens européens du Joint European Torus (JET) de Culham, près d'Oxford, parviennent pour la première fois au monde à produire de l'énergie (2 mégawatts pendant deux secondes) par fusion nucléaire (12).

9   HONGKONG : Un premier groupe de cinquante-neuf « boat people » est rapatrié de force vers le Vietnam, après l'accord conclu le 29 octobre entre Londres et Hanoï (du 10 au 13).

10   AUTRICHE : Aux élections provinciales à Vienne, le Parti libéral (droite nationaliste) de M. Jörg Haider progresse de 9,7 % à 22,6 % des suffrages. Il devance le Parti populiste (chrétien-démocrate), qui n'obtient que 18,1 % des voix (− 10,3 %), mais le Parti socialiste, avec 47,7 % des voix (− 7,2 %), conserve la majorité des sièges à la Diète de Vienne (12).

12   TIMOR-ORIENTAL : A Dili, capitale de la colonie portugaise annexée par Djarkarta en 1976, l'armée indonésienne tire sur des manifestants indépendantistes qui n'étaient pas armés. Le bilan de ce massacre varie selon les sources, de 19 à 200 morts (13, 14 et du 19 au 25/XI, 1er-2/XII).

13   DJIBOUTI : Le gouvernement décrète la « *mobilisation générale* » pour faire face à une offensive de maquisards afars dans le nord du pays. Le 27, les rebelles annoncent un cessez-le-feu, et le président Hassan Gouled promet une consultation électorale. Le 29, la France accepte de déployer des troupes le long de la frontière avec l'Ethiopie, en application d'accords de défense signés en 1977 (du 14 au 30).

14   CAMBODGE : Le prince Norodom Sihanouk

regagne Phnom-Penh, qu'il avait dû fuir en janvier 1979. Reconnu, le 20, comme chef de l'Etat, il maintient à la tête du gouvernement M. Hun Sen, premier ministre depuis janvier 1985, avec lequel il envisage de conclure une alliance, en renonçant à la coalition qui l'associait depuis treize ans aux Khmers rouges et au FNLPK. Le 27, les deux représentants khmers rouges au Conseil national suprême sont évacués vers Bangkok, M. Khieu Samphan, arrivé le matin même à Phnom-Penh, ayant failli être lynché par des manifestants (du 7 au 11, 13, 15, du 17 au 26 et du 28/XI au 4/XII).

14 LIBYE : Les autorités judiciaires américaines et britanniques inculpent deux agents des services secrets libyens pour leur participation à l'attentat contre un Boeing de la Pan Am qui avait explosé au-dessus de l'Ecosse le 21 décembre 1988. Washington, Londres et Paris (où quatre autres agents libyens ont été inculpés le 30 octobre pour un autre attentat) envisagent des représailles contre Tripoli (6, du 14 au 25 et du 28/XI au 10/XII).

14 URSS : Sept Républiques sur douze approuvent un nouveau projet de traité d'union politique qui prévoit de transformer l'URSS en « Union des Etats souverains » (UES). Mais, le 25, jour prévu pour la signature de ce traité, les dirigeants de sept Républiques souhaitent qu'il soit examiné par leurs Parlements respectifs. Quant au traité d'union économique, l'Ukraine et la Moldavie ont accepté, le 6, de le signer, comme l'avaient fait huit autres Républiques le 18 octobre, mais il doit aussi être ratifié par leurs Parlements (5, 7, 8, 14, 16 et 27).

14-15 FRANCE-ALLEMAGNE : Lors du cinquante-huitième sommet franco-allemand, réuni à Bonn, MM. Kohl et Mitterrand mettent en garde contre un échec au sommet européen des 9 et 10 décembre à Maastricht (Pays-Bas), qui doit adopter les traités sur l'union politique et sur l'union économique. Les déclarations et les rencontres diplomatiques se multiplient tout le mois, en particulier pour tenter de lever les réticences britanniques (2, 6, du 12 au 18 et à partir du 21).

16 JORDANIE : Le maréchal Zeid Ben Chaker est nommé premier ministre après la démission de M. Taher Masri, menacé d'être censuré par le Parlement (19 et 23).

17 SOMALIE : Les combats reprennent à Mogadiscio entre deux clans rivaux du Congrès de la Somalie unifiée, au pouvoir dans la capitale depuis la fin janvier. Ils font au moins quatre mille morts avant la fin de l'année (20, 21, 22 et 27/XI, 1er-2/XII).

18 LIBAN : Deux nouveaux otages occidentaux, M. Terry Waite, émissaire du primat de l'Eglise d'Angleterre enlevé le 20 janvier 1987, et M. Thomas Sutherland, un enseignant américain détenu depuis le 9 juin 1985, sont libérés à Beyrouth par le Djihad islamique grâce à la médiation de l'ONU (19, 20 et 21).

18 TCHÉCOSLOVAQUIE : Mort de Gustav Husak, secrétaire général du PC de 1969 à 1987 (20).

18-20 ESPACE : Les ministres des treize pays membres de l'Agence spatiale européenne, réunis à Munich, acceptent la poursuite des programmes spatiaux européens malgré les incertitudes budgétaires (13 et du 17 au 21).

19 URSS : M. Edouard Chevardnadze revient à la tête de la diplomatie soviétique, qui est réorganisée. Dans le nouveau ministère des relations extérieures, les effectifs doivent être réduits d'au moins 30 %, tandis que quatre-vingts autres ministères fédéraux sont supprimés (3-4, 5, 7, 16, 21 et 22).

20 FRANCE-ROUMANIE : Les présidents Mitterrand et Iliescu signent à Paris un traité de coopération (22).

20 TURQUIE : M. Suleyman Demirel, vainqueur des législatives du 20 octobre, forme un gouvernement de coalition qui réunit le Parti de la juste voie, qu'il dirige, et le Parti populiste social-démocrate. Il annonce un vaste programme de démocratisation (6, 10-11 et 22/XI, 4 et 5/XII).

21 ÉTATS-UNIS : Le Français Gérard d'Aboville, parti le 11 juillet du port japonais de Choshi à bord de *Sector*, un canot de 8 mètres, arrive à Ilwaco (Etat de Washington), réussissant la première traversée en solitaire de l'océan Pacifique à la rame (29/X, 22, 23 et 26/XI).

21 ONU : M. Boutros Boutros-Ghali, vice-premier ministre égyptien, est désigné par le Conseil de sécurité pour devenir secrétaire général des Nations unies. Premier Africain à ce poste, il succédera le 1er janvier 1992 à M. Javier Perez de Cuellar, secrétaire général depuis 1981, qui n'avait pas souhaité le renouvellement de son mandat (8, 13, 14, 23 et 24-25/XI, 5/XII).

21 URSS : Les représentants de huit Républiques sur douze et ceux du groupe des sept grands pays industrialisés (G 7) signent à Moscou un accord financier qui prévoit un rééchelonnement partiel de la dette extérieure soviétique, alors que l'économie de l'URSS s'enfonce dans le chaos. Le 20, les Etats-Unis ont accordé, pour la deuxième fois en six mois, une garantie de crédit de 1,5 milliard de dollars pour l'achat de produits agricoles, alors que la CEE reproche de plus en plus ouvertement aux États-Unis de laisser les Européens supporter l'essentiel de l'aide aux pays de l'Est (3-4, 7, 8, 12, 15, 21, 22, 23, 27, 28 et 29/XI, 3/XII).

22 CEE-EUROPE DE L'EST : La Hongrie, la Pologne et la Tchécoslovaquie signent à Bruxelles des accords d'association avec la CEE, après dix-huit mois de négociations (23 et 24-25).

22-24 FRANCE-CAMBODGE : M. Roland

Dumas est le premier chef d'une diplomatie occidentale accueilli à Phnom-Penh par le prince Sihanouk. Il se rend ensuite, du 24 au 26, au Vietnam et au Laos (du 24 au 28).

23 MADAGASCAR : La crise politique qui paralysait le pays depuis plus de six mois prend fin avec la mise en place d'institutions provisoires après un accord entre le pouvoir et l'opposition (du 1er au 5, 15, 21 et 26).

24 BELGIQUE : Aux élections législatives, les cinq partis de la coalition sont en recul ; ils ne conservent que 130 (− 20) des 212 sièges. Après une campagne dominée par les querelles linguistiques et la question de l'immigration, le Vlaams Blok, parti d'extrême droite flamand, progresse de 2 à 12 sièges et les écologistes francophones, de 3 à 10 sièges. Le 25, M. Wilfried Martens, premier ministre depuis décembre 1981, présente sa démission, avant que s'ouvrent les négociations pour la formation du nouveau gouvernement, qui pourraient durer plusieurs semaines (du 21 au 28 et 30/XI, 1er-2/XII).

25 ZAÏRE : M. Nguz Karl I Bond, un des principaux opposants au président Mobutu, est nommé premier ministre après un accord entre le pouvoir et l'opposition, conclu le 22 grâce à une médiation sénégalaise. Mais l'opposition radicale proteste contre cette nomination et reste exclue du nouveau gouvernement, formé le 28 (du 1er au 6, 9, 13, du 20 au 25, 27, 28 et 30/XI, 1er-2/XII).

26 EUROPE : La Pologne devient le vingt-sixième pays membre du Conseil de l'Europe (28).

26 HAÏTI : Alors que la répression se poursuit (plus de 1 500 morts, selon l'OEA) et que la population est menacée de famine, Washington, qui refuse d'accueillir aux Etats-Unis les milliers de « boat people » haïtiens fuyant leur pays, décide l'installation d'un camp de réfugiés sur la base américaine de Guantanamo, à Cuba (du 3 au 19, 21 et du 23/XI au 2/XII).

26 URSS : Le Parlement azerbaïdjanais vote à l'unanimité la suppression du statut d'autonomie du Haut-Karabakh. Les jours suivants, les combats s'y font de plus en plus meurtriers, bien que les présidents de l'Arménie et de l'Azerbaïdjan, convoqués à Moscou le 27, proclament leur volonté de régler leurs différends par la négociation (7, 8, 14, 23, 28 et 29).

30 ALGÉRIE : Les députés approuvent une nouvelle loi sur les hydrocarbures, qui autorise, vingt ans après la nationalisation des intérêts pétroliers français, les compagnies étrangères à posséder jusqu'à 49 % des parts de gisements (3/XII).

30 URSS : La Banque centrale soviétique (Gosbank) s'étant déclarée incapable de financer les dépenses de l'Etat, les autorités russes annoncent leur intention de prendre le relais du pouvoir central en matière financière (21, 24-25, 27 et du 30/XI au 3/XII). ■

LA GUERRE CIVILE
EN CROATIE

Le 8, les ministres des affaires étrangères de la CEE, réunis à Rome, adoptent des sanctions économiques contre la Yougoslavie. Malgré de nouvelles concessions, les médiateurs européens n'ont pu faire accepter à la Serbie leur plan de paix présenté le 18 octobre. Les Douze décident, le 12, de faire appel au Conseil de sécurité de l'ONU, alors que la Croatie, mais aussi désormais la Serbie, se montrent favorables à l'envoi de « casques bleus » en Yougoslavie.

Le 19, l'armée fédérale et les milices serbes achèvent de prendre le contrôle de Vukovar, ville de Slavonie qu'ils assiégeaient depuis trois mois et qui était devenue le symbole de la résistance croate à l' « *agression serbe* ». De la ville en ruine, sont évacués des centaines de blessés et des milliers de civils qui étaient terrés dans des caves. A Dubrovnik, port sur l'Adriatique encerclé depuis le 1er octobre, un cessez-le-feu est entré en vigueur le 13, suivi de l'évacuation des civils et de négociations, menées par M. Bernard Kouchner, sur la création de « *corridors humanitaires* », prônée par la France et la CEE au nom de l'UNICEF.

Le 23, un quatorzième cessez-le-feu est signé à Genève, sous les auspices de l'ONU, mais l'armée fédérale, sous contrôle serbe, poursuit son offensive en Slavonie, en particulier autour d'Osijek. Le Conseil de sécurité adopte à l'unanimité, le 27, une résolution soutenant les efforts de M. Cyrus Vance, émissaire des Nations unies depuis le 8 octobre, pour favoriser le déploiement de « casques bleus » de l'ONU. ◾

Culture

4 Pierre Combescot, pour *les Filles du Calvaire* (Grasset), obtient le prix Goncourt et Dan Franck, pour *la Séparation* (Seuil), le prix Renaudot (5).

4 *Les Paravents* de Jean Genet sont mis en scène par Marcel Maréchal au Théâtre de la Criée à Marseille (16).

7 Mort de Gene Tierney, actrice américaine (9).

9 Mort d'Yves Montand, chanteur et acteur, mais aussi artiste engagé (du 12 au 15).

14 *Armida*, opéra composé en 1784 par Joseph Haydn, est représenté pour la première fois en France à la Ferme du Buisson à Marne-la-Vallée, dans une mise en scène de Christian Gangneron et sous la direction de Christophe Coin (26).

15   Mort de Tony Richardson, cinéaste britannique (16).

19   Sébastien Japrisot, pour *Un long dimanche de fiançailles* (Denoël), obtient le prix Interallié (20).

22   Peter Eötvös dirige à l'Opéra-Comique l'exécution d'*Hypérion*, œuvre de Bruno Maderna qui regroupe diverses pièces musicales inspirées par le roman de Friedrich Hölderlin et composées entre 1963 et 1968 (24-25).

25   Paula Jacques, pour *Deborah et les anges dissipés* (Mercure de France), obtient le prix Femina et Yves Simon, pour *la Dérive des sentiments* (Grasset), le prix Médicis (26 et 27).

26   Une exposition-spectacle est consacrée à la bande dessinée, sous le titre d'*Opéra-Bulles*, à la Grande Halle de La Villette (22).

26   Mort de François Billetdoux, écrivain et dramaturge (27 et 28).

28   Le Centre Georges-Pompidou présente une rétrospective de l'œuvre de Max Ernst, pour célébrer le centenaire de la naissance du peintre surréaliste (29).

28   Hélène Carrère d'Encausse, reçue à l'Académie française par Michel Déon, prononce l'éloge de Jean Mistler (30/XI et 1er-2/XII).

30   Plus de trois cents sculptures, dessins et peintures d'Alberto Giacometti sont exposés au Musée d'art moderne de la Ville de Paris (4/XII). ∎

Décembre

- L'URSS disparaît, son président démissionne

- A Maastricht, les Douze progressent vers l'union européenne

- Victoire des islamistes au premier tour des législatives algériennes

- Effondrement de l'empire de communication créé par Robert Maxwell

- La France remporte la Coupe Davis

- La Cinq dépose son bilan

France

1er L'équipe de France de tennis remporte la Coupe Davis, pour la première fois depuis 1932, en battant en finale les États-Unis à Lyon grâce à Guy Forget, à Henri Leconte et à leur capitaine, Yannick Noah (29/XI, 1er-2, 3 et 8-9/XII).

4 Les députés du PS, après ceux de la droite et du PCF, refusent le projet du gouvernement d'une taxe sur les contrats d'assurances pour financer l'indemnisation des personnes contaminées par le sida à la suite de transfusions sanguines. Un nouveau dispositif est annoncé, le 8, par Mme Cresson et voté, le 9, à l'Assemblée nationale : il prévoit des économies sur le budget de l'État ainsi qu'une contribution de 1,2 milliard de francs des compagnies d'assurances. La loi portant diverses dispositions d'ordre social, dans laquelle ces mesures sont inscrites, est définitivement votée le 21 (du 5 au 23).

4 Mort d'Étienne Fajon, membre du bureau politique du PCF de 1945 à 1979 (5 et 6).

5 Les partenaires sociaux, sauf la CGT et la CGC, concluent un accord sur l'assurance-chômage. Les mesures prévues devraient rapporter 8 milliards de francs en 1992 pour combler le déficit de l'UNEDIC (6 et 7).

6 Le Comité national d'éthique rend un avis sur la « *non-commercialisation du génome humain* », alors qu'aux États-Unis et en Europe, les demandes de brevets sur les patrimoines héréditaires se multiplient (7 et 21).

7 Le sondage mensuel de popularité de la SOFRES indique que les cotes de M. Mitterrand (31 % ; − 21 % en trois mois) et de Mme Cresson (26 % ; − 23 % en six mois) sont au plus bas (7, 13, 17 et 24/XII, 1er/I).

10 Le projet de loi sur la gestion et la protection de l'eau est adopté par les députés grâce à la procédure du vote personnel. Ce texte est définitivement voté le 21 (7, 8-9, 12, 15-16 et 22-23).

11 Inculpation de deux urologues toulousains réputés, soupçonnés d'avoir pratiqué des opérations chirurgicales inutiles (13, 15-16 et 22-23/XII, 2/I).

12 Mme Cresson lance, dans *le Monde*, un appel à lutter contre l'extrême droite et à « *faire barrage à la démagogie du Front national* », accusé d'être un « *ennemi de la démocratie* » (13 et 14).

13-15 Devant le congrès extraordinaire du PS, réuni à la Défense pour adopter le nouveau « projet » socialiste, les dirigeants des différents « courants » du parti sont unanimes à appeler les militants à ne pas se laisser aller au défaitisme face au discrédit qui atteint la gauche (5, 7 et du 11 au 17).

15 M. Mitterrand, invité de « 7 sur 7 » sur TF1, salue les accords européens de Maastricht des 9 et 10 décembre comme « *l'un des événements les plus importants du dernier demi-siècle* ». Il n'exclut pas un référendum, en avril 1992, sur leur ratification et sur les réformes constitutionnelles qu'ils rendent nécessaires (du 12 au 25/XII, 1er et 3/I).

16 Adoption définitive de la loi renforçant la lutte contre le travail clandestin (4 et 19).

18 Mme Cresson annonce la création d'un groupe public de haute technologie grâce à la fusion des activités industrielles du Commissariat à l'énergie atomique (CEA-Industrie) et de l'électronique grand public de Thomson (13, 17 et du 19 au 23).

18 Le gouvernement signe des accords sur la limitation des dépenses de santé avec les biologistes et les ambulanciers, le 18, puis avec les infirmières libérales et les cliniques, le 23. En revanche, les négociations sont dans l'impasse avec les syndicats de médecins (1er-2, 4, 6, 10, 11, 14, 20 et 25).

19 Le budget pour 1992 est définitivement adopté par les députés, à main levée. En deuxième lecture, le gouvernement avait dû, le 14, engager sa responsabilité, pour la troisième fois sur ce texte. Durant la session d'automne, l'article 49-3 n'a été utilisé que deux autres fois : le 4 octobre, sur le projet de création d'une agence du médicament et le 5 décembre, sur le projet de collectif budgétaire pour 1991. Ce dernier texte est définitivement voté, le 20, après l'introduction d'un amendement gouvernemental pour régler un contentieux financier avec l'enseignement privé (du 4 au 11, 15-16 et du 18 au 24/XII, 1er/I).

19 La loi réduisant à dix mois la durée du service militaire est définitivement votée (5, 8-9, 13, 14 et 21).

19 Accor prend le contrôle de la Compagnie internationale des wagons-lits, grâce à une OPA lancée le 7 novembre. La justice a été saisie par des actionnaires minoritaires pour obtenir le relèvement du prix de l'offre d'achat (18/X, 8/XI, 6, 8-9, 19 et 25/XII).

20 Les députés adoptent en première lecture un projet de loi sur les conditions d'entrée et de séjour des étrangers en France. Un amendement gouvernemental autorise la rétention des demandeurs d'asile en zone de transit pendant un mois (19, 21 et 22-23).

20-21 La session parlementaire d'automne s'achève avec l'adoption définitive de plusieurs lois, dont celle sur la protection des consommateurs, qui légalise la publicité comparative, et celle sur les quotas audiovisuels : pour la télévision, ils sont abaissés de 50 % à 40 % d'œuvres d'expression française (6, 12, 14, 18 et du 20 au 24).

21 Le conseil des ministres approuve deux projets de loi visant à modifier des dispositions du code civil relatives à l'héritage ainsi qu'aux prénoms, aux noms et à la filiation (22-23).

24 En novembre, la balance du commerce extérieur a été excédentaire de 533 millions de francs, le nombre des chômeurs s'est accru de 1,1 % et les prix ont augmenté de 0,3 % (17, 21, 25 et 28/XII, 1er/I).

31 La Cinq dépose son bilan, ni Hachette, l'opérateur, ni les autres actionnaires ne voulant assumer les pertes de la chaîne : 600 millions prévus en 1992, après 1,1 milliard en 1991. Le 17, la direction avait annoncé un plan de restructuration qui prévoyait la suppression de 576 emplois sur un total de 820 (4, 5, 8-9, 14 et à partir du 19).

Étranger

1er BURKINA-FASO : A l'élection présidentielle, M. Blaise Compaoré, seul candidat, est réélu avec 86,4 % des suffrages. Seuls 27,3 % des électeurs participent à ce scrutin, boycotté par l'opposition qui réclame la convocation d'une conférence nationale. Le 9, un des dirigeants de l'opposition est tué dans un attentat (3, 5, 6, 11, 12 et 14).

2 VANUATU : Aux élections législatives, l'Union des partis modérés (opposition francophone) remporte 19 des 46 sièges. M. Maxime Carlot forme, le 18, un gouvernement de coalition avec le parti créé par M. Walter Lini, premier ministre déchu le 6 septembre, qui a obtenu 10 sièges (6 et 18).

2 YOUGOSLAVIE : La CEE ne maintient les sanctions décidées le 8 novembre que contre la Serbie et le Monténégro. Alors qu'en Croatie, les combats se poursuivent, en particulier autour d'Osijek, et que la vieille ville de Dubrovnik est à nouveau bombardée le 6, M. Cyrus Vance, envoyé spécial de l'ONU, affirme, le 8, à l'issue de sa quatrième mission de paix, qu'aucun déploiement de « casques bleus » ne peut être envisagé tant que le cessez-le-feu conclu le 23 novembre n'est pas respecté. Le Conseil de sécurité décide seulement, le 15, d'envoyer en Yougoslavie, une vingtaine d'observateurs militaires. De source croate, on estime qu'en six mois de guerre civile, le nombre des morts est supérieur à 10 000 et celui des personnes déplacées, à 500 000 (du 1er au 31).

2-4 LIBAN : Les trois derniers otages américains sont libérés par leurs ravisseurs intégristes pro-iraniens, M. Joseph Cicippio le 2, M. Alann Steen le 3 et M. Terry Anderson le 4. Le 1er, Israël avait relaché vingt-cinq prisonniers chiites. L'ONU poursuit sa médiation pour obtenir la libération de dizaines d'autres Libanais détenus en Israël ainsi que de deux otages allemands que Bonn refuse d'échanger contre deux terroristes libanais incarcérés en Allemagne (du 3 au 7, 11 et du 24 au 30).

3 TOGO : M. Joseph Kokou Koffigoh, premier ministre depuis août, accepte de ralentir le processus de démocratisation, sous la menace de militaires putchistes qui étaient entrés en rébellion le 27 novembre en se réclamant du président Eyadéma. La France, appelée à l'aide par M. Koffigoh, avait envoyé, le 29 novembre, des militaires au Bénin voisin, mais elle avait refusé d'intervenir à Lomé contre les putschistes (du 28/XI au 11, du 14 au 17, 26 et 31/XII, 1er/I).

5 GRANDE-BRETAGNE : La nomination d'un administrateur judiciaire consacre l'effondrement de l'empire Maxwell, un mois après la mort de son fondateur, désormais accusé de nombreuses malversations (du 3 au 16, 18 et 21).

6 ALBANIE : M. Ylli Bufi, premier ministre ex-communiste depuis juin, démissionne après le départ des ministres de l'opposition de son gouvernement de coalition. En raison des pénuries alimentaires, les scènes de pillage se multiplient : l'incendie d'un entrepôt de vivres fait trente-huit morts, le 9, à Fushe-Arrez. Le 14, un gouvernement de « *techniciens* » est formé pour diriger le pays jusqu'aux élections anticipées, fixées, le 21, au 1er mars (3, du 6 au 12, 14, 17, 24 et 26/XII, 1er/I).

9-10 CEE : Le sommet européen de Maastricht (Pays-Bas) permet la conclusion d'un nouveau traité communautaire. Sur l'union économique et monétaire, l'accord prévoit un processus irréversible jusqu'à la création, avant le 1er janvier 1999, d'une monnaie unique, l'écu. Sur l'union politique, les progrès concernent surtout la citoyenneté européenne ainsi que la diplomatie et la défense communes, mais la Grande-Bretagne, qui a obtenu de bénéficier d'une clause d'exemption pour la monnaie unique, refuse de participer à l'Europe sociale (du 1er au 17).

9-11 SOMMET ISLAMIQUE : Le sixième sommet de l'Organisation de la conférence islamique est réuni à Dakar (Sénégal). L'Irak, qui a refusé d'y participer, est en position d'accusé, tandis que l'Iran se présente en rassembleur d'un monde musulman divisé (6, 8-9, 10 et 13).

10 KENYA : Le Parlement rétablit le multipartisme supprimé en 1982, après l'acceptation par le président Daniel Arap Moi, au pouvoir depuis 1978, de réformes démocratiques sous la pression des bailleurs de fonds occidentaux (3, 4, 12, 25 et 27/XII, 1er et 5-6/I).

10-18 PROCHE-ORIENT : Les négociations bilatérales israélo-arabes reprennent à Washington, mais elles ne permettent pas de débloquer le processus de paix. Une querelle de procédure empêche même les Israéliens et la délégation jordano-palestinienne d'ouvrir les discussions sur le fond. Le prochain rendez-vous est prévu en janvier, toujours à Washington (du 3 au 6, du 10 au 21 et 24).

11-16 CHINE-INDE : M. Li Peng effectue en Inde la première visite officielle d'un chef de gouvernement chinois depuis 1960 (du 12 au 17).

12-13 FRANCE-LIBAN : M. Roland Dumas se rend à Beyrouth pour la première visite d'un ministre français des affaires étrangères depuis 1985 (du 13 au 16, 19 et 21).

13 CORÉES : Les premiers ministres du Nord et du Sud signent à Séoul un pacte de réconciliation, qui prévoit l'ouverture de négociations pour un traité de paix après quarante-six ans d'hostilité entre les deux pays. Le 31, un accord de principe est conclu sur la dénucléarisation de la péninsule (du 13 au 17, 20, 27 et 28/XII, 1er et 2/I).

14 ÉGYPTE : Le naufrage en mer Rouge du ferry *Salem-Express* provoque la mort de 473 des 654 passagers (17 et 18).

14 VATICAN : Le premier synode qui réunit à Rome, depuis le 28 novembre, des évêques catholiques d'Europe de l'Ouest et de l'Est s'achève par la publication d'une charte pour la « *nouvelle évangélisation* » du continent. Des délégués protestants et orthodoxes ont participé aux débats, mais plusieurs Églises orthodoxes avaient refusé l'invitation du pape (28 et 30/XI, 3, 4, du 8 au 11 et du 14 au 17/XII).

16 CEE : Les Douze définissent des critères « *pour la reconnaissance des nouveaux États en Europe de l'Est et en Union soviétique* ». Ils s'engagent à reconnaître le 15 janvier, à ces conditions, les Républiques yougoslaves qui souhaitent accéder à l'indépendance. Tandis que la Slovénie, la Croatie, la Macédoine et la Bosnie-Herzégovine, mais ni la Serbie ni le Monténégro, déposent leur demande, l'Allemagne reconnaît officiellement, dès le 23, la Slovénie et la Croatie (du 8 au 30).

16 PROCHE-ORIENT : L'Assemblée générale de l'ONU approuve, sur l'initiative des États-Unis, l'abrogation de la résolution du 10 novembre 1975, qui assimilait le sionisme à « *une forme de racisme* » (18 et 19).

16 TRINITÉ-ET-TOBAGO : Aux élections législatives, le Mouvement national du peuple (social-démocrate), au pouvoir de 1958 à 1988, retrouve, avec 21 (+ 18) des 36 sièges, la majorité au Parlement, qu'il avait perdue en 1988 au profit de l'Alliance nationale pour la reconstruction. M. Patrick Manning est nommé premier ministre le 17 (18 et 20).

18 ÉTATS-UNIS : General Motors, numéro un mondial de l'automobile, qui affronte la concurrence japonaise sur un marché américain en récession, annonce la suppression en trois ans de 74 000 de ses 395 000 emplois (20).

19 AUSTRALIE : M. Bob Hawke, premier ministre depuis mars 1983, est contraint de démissionner, les députés travaillistes lui ayant préféré son ancien ministre de l'économie, M. Paul Keating, qui lui succède à la tête du gouvernement (8-9, 20, 21 et 28).

19 CEE : Les Douze adoptent une directive sur les

normes de télévision haute définition, qui est moins contraignante pour les diffuseurs que le souhaitait la France (3 et du 20 et 23).

19 FINANCES MONDIALES : La Banque fédérale d'Allemagne relève son taux d'escompte de 7,5 % à 8 %, son niveau le plus haut depuis 1945, estimant « *intolérable* » le taux de l'inflation qui a atteint 4,2 % en novembre. Le 20, la Réserve fédérale des États-Unis ramène son taux d'escompte de 4,5 % à 3,5 %, son plus bas niveau depuis 1964 : cette baisse, la sixième en un an, est à nouveau destinée à favoriser une reprise de l'activité alors que la stagnation persiste. De même, le 30, la Banque du Japon réduit son taux d'escompte de 5 % à 4,5 %. En revanche, en Europe occidentale, la plupart des pays suivent la décision allemande de hausse des taux : le 23, la Banque de France augmente son taux directeur de 9,25 % à 9,6 % pour assurer la stabilité du franc, alors que le deutschemark s'élève et que le dollar continue de s'affaiblir, descendant à Paris jusqu'à 1,51 DM, 125 yens et 5,18 F à la fin du mois. Quant aux marchés boursiers, ils terminent l'année en vive progression, surtout Wall Street qui pulvérise ses records de hausse (du 5 au 10, 14, 15-16, du 20/XII au 3/I).

19 ONU : L'Assemblée générale des Nations unies décide la création d'un poste de coordinateur chargé des affaires humanitaires (22-23).

20 EST-OUEST : Les ministres des affaires étrangères de l'alliance atlantique et ceux des anciens membres du pacte de Varsovie se réunissent à Bruxelles pour la session inaugurale du Conseil de coopération nord-atlantique. Dans un message adressé aux participants, M. Eltsine « *pose la question de l'adhésion de la Russie à l'OTAN en tant qu'objectif politique à long terme* » (du 13 au 16 et du 20 au 23).

20 SAHARA OCCIDENTAL : Le représentant

spécial des Nations unies démissionne alors que le plan de paix de l'ONU a pris du retard : le référendum d'autodétermination prévu début 1992 est repoussé d'au moins six mois (du 20 au 23, 25 et 27/XII, 2 et 3/I).

20-21 AFRIQUE DU SUD : Dix-neuf partis et organisations participent, près de Johannesburg, à la première réunion de la Convention pour une Afrique du Sud démocratique, chargée d'élaborer une nouvelle Constitution qui consacrera la fin de l'apartheid. Seules l'extrême gauche noire et l'extrême droite blanche ont refusé de se joindre aux négociations (3, 5, 6, 8-9, 11, 15-16, 18, du 20 au 24 et 31).

21 TAÏWAN : Aux élections législatives, le Kouomintang, parti nationaliste au pouvoir depuis 1949, remporte plus des trois quarts des sièges de la nouvelle Assemblée, appelée à réviser la Constitution (22-23 et 24).

23 POLOGNE : Le gouvernement de coalition de centre droit formé par M. Jan Olszewski est investi par la Diète. Après les législatives du 27 octobre, M. Olszewski avait été nommé premier ministre le 5, à contrecœur, par le président Walesa (du 6 au 10, 14, du 17 au 21, 24 et 25).

26 ALGÉRIE : 41 % des électeurs s'abstiennent au premier tour des premières élections législatives pluralistes, qui a lieu dans le calme. Avec 188 des 430 sièges, le Front islamique du salut (FIS) paraît assuré d'obtenir la majorité absolue au deuxième tour, prévu le 16 janvier. Le Front de libération nationale (FLN), parti unique de 1962 à 1989, n'obtient que 15 sièges et est devancé par le Front des forces socialistes (FFS), qui, avec 25 sièges, est le seul des nouveaux partis démocratiques à avoir des élus (3, du 6 au 11, du 15 au 20 et à partir du 24).

29 FRANCE-IRAN : L'accord mettant fin au

contentieux financier opposant les deux pays depuis 1979 est signé à Téhéran (du 26 au 31/XII et 2/I).

30 ÉTATS-UNIS : Une décision judiciaire confirme que le Crédit lyonnais est en droit de contrôler la société cinématographique Metro Goldwyn Mayer. En avril, l'homme d'affaires italien M. Gian-Carlo Parretti avait été évincé de la direction par la banque nationalisée française, dont la filiale néerlandaise avait accordé à M. Parretti d'énormes facilités financières pour prendre le contrôle de MGM en 1990. Le 27, M. Parretti a été arrêté à Rome pour fraudes fiscales (29-30/XII, 1er et 4/I).

30 MAROC : Les trois frères Bouréquat, ressortissants français détenus sans jugement depuis 1973, sont libérés. Ils gagnent la France le 3 janvier (25/XII, 1er, 2 et 5-6/I).

31 SALVADOR : Le gouvernement et la guérilla signent à New-York, sous l'égide de l'ONU, un « *accord définitif* » en vue d'un cessez-le-feu qui doit entrer en vigueur le 1er février 1992 (5, 8-9, 10, 12, 17, 19, 21 et 25/XII, du 1er au 3/I). ■

LA FIN DE L'URSS

Le 1er, en Ukraine, 90,32 % des électeurs se prononcent par référendum en faveur de l'indépendance. M. Leonid Kravtchouk, ancien chef du PC ukrainien devenu président du Parlement le 23 juillet 1990, remporte l'élection présidentielle avec 61,59 % des suffrages. Il confirme la sécession de sa République, la plus riche après la Russie, ainsi que son refus de signer le traité de l'Union, accélérant ainsi la dislocation de l'empire ex-soviétique.

Le 1er, au Kazakhstan, M. Noursoultan Nazarbaev remporte l'élection présidentielle avec 98,8 % des suffrages. Le Parlement kazakh proclame, le 16, l'indépendance de la République.

Le 3, M. Mikhaïl Gorbatchev lance un appel dramatique à la sauvegarde de l' « *Union* ».

Le 5, les remboursements du principal de la dette soviétique contractée auprès des banques occidentales sont suspendus.

Le 8, MM. Boris Eltsine, Leonid Kravtchouk et Stanislas Chouchkevitch, présidents des trois Républiques slaves, la Russie, l'Ukraine et la Biélorussie, « *constatant* » que l'Union soviétique « *n'existe plus* », signent près de Minsk (Biélorussie) un accord créant une Communauté d'États indépendants (CEI) à laquelle les autres Républiques sont conviées à adhérer. M. Gorbatchev conteste, le 9, la légalité de cette décision et demande qu'elle soit examinée par le Congrès des députés du peuple ou même soumise à un référendum.

Le 8, en Moldavie, M. Mircea Snegur remporte, avec 98 % des suffrages, l'élection présidentielle qui tient aussi lieu de référendum sur l'indépendance. La minorité russophone de Transnistrie avait voté, le 1er, pour son indépendance à l'égard de la Moldavie.

Le 12, Les États-Unis proposent la tenue à Washington en janvier d'une conférence internationale pour coordonner l'assistance aux Républiques. Mais l'utilité de cette conférence est mise en doute par les Européens, alors que la CEE fournit 80 % de l'aide à l'URSS.

Le 13, les présidents des cinq Républiques d'Asie centrale, réunis en Turkménie, demandent à participer à la CEI en tant que « *membres fondateurs* ».

Le 16, M. James Baker, secrétaire d'État américain, reçu à Moscou par M. Eltsine et le maréchal Chapochnikov, ministre soviétique de la défense, se dit « *rassuré* » sur le maintien d'un commandement unique des forces nucléaires au sein de la CEI. Après la Russie, M. Baker se rend, du 17 au 19, dans les trois autres Républiques détenant des armes nucléaires (Kazakhstan, Biélorussie, Ukraine), où il obtient des assurances sur une réduction des arsenaux nucléaires au-delà des dispositions du traité START.

Le 17, M. Eltsine obtient de M. Gorbatchev que l'URSS cesse officiellement d'exister avant la fin de l'année.

Le 19, M. Eltsine signe une série de décrets par lesquels la Russie s'approprie les dernières structures de l'Union soviétique : le Kremlin, le ministère des affaires étrangères, toutes les ambassades dans le monde. Un grand ministère russe regroupe tous les organes de l'intérieur et de la sécurité, dont ceux créés en octobre après la dissolution du KGB.

Le 21, les présidents de onze Républiques soviétiques (toutes sauf la Géorgie), réunis à Alma-Ata, au Kazakhstan, entérinent la fondation de la CEI, qui succède à l'URSS. Mais c'est la Russie qui est en fait la seule héritière : M. Eltsine obtient le contrôle de l'arme nucléaire et elle reçoit le siège de membre permanent du Conseil de sécurité de l'ONU. Les pays occidentaux réagissent positivement et prévoient une reconnaissance rapide des onze États membres de la CEI.

A partir du 22, éclatent de violents combats à Tbilissi, en Géorgie, entre forces de l'opposition et partisans du président Zviad Gamsakhourdia, qui est retranché dans les sous-sols du Parlement. Ces combats à l'arme lourde se poursuivent jusqu'à la fin du mois dans le centre de la capitale géorgienne, faisant des dizaines de morts.

Le 25, M. Gorbatchev, au pouvoir depuis le 11 mars 1985, annonce sa démission dans une allocution télévisée, déclarant qu'il quitte la présidence de l'URSS *« avec inquiétude, mais aussi avec espoir »*. La plupart des grands pays, sauf la Chine, rendent hommage à son rôle historique, tandis que les relations diplomatiques que les États entretenaient avec l'Union soviétique sont transférées à la Russie et que les dix autres Républiques commencent à être reconnues par de nombreux pays.

Le 29, en Azerbaïdjan et en Ouzbékistan, des référendums pour l'indépendance recueillent plus de 95 % de « oui », tandis qu'en Ouzbékistan, M. Islam Karimov remporte l'élection présidentielle avec 86 % des suffrages.

Le 30, un sommet de la CEI, à Minsk, ne permet qu'un seul accord, sur le maintien d'un commandement unique pour les forces stratégiques. Mais le fractionnement des forces conventionnelles de l'armée soviétique est consacré : six Républiques sur dix décident de créer leur propre armée nationale.   ■

Culture

7   Jean-Luc Boutté met en scène *Le Roi s'amuse* de Victor Hugo à la Comédie-Française (15-16).

12   Le Centre Georges-Pompidou organise une rétrospective de l'œuvre photographique de Gisèle Freund (3/I).

12   *Tous les matins du monde*, film d'Alain Corneau, obtient le prix Louis-Delluc (14 et 19).

13   Mort d'André Pieyre de Mandiargues, écrivain (17).

25   Mort d'Orane Demazis, actrice (1er/I).

27   Mort d'Hervé Guibert, écrivain (29-30/XII et 3/I).

28   Jean-Claude Malgoire dirige l'interprétation au Théâtre des Champs-Élysées d'*Alceste*, tragédie lyrique de Lully mise en scène par Jean-Louis Martinoty (19/XII et 1er/I).

INDEX DES NOMS DE LIEUX
ET DES THÈMES[1]

Mode d'utilisation des index :
- le premier chiffre renvoie à la page.
- le premier chiffre entre parenthèses indique le jour où l'événement s'est produit et le deuxième renvoie au numéro du paragraphe, lorsque plusieurs événements sont recensés le même jour.
- Exemple : Afghanistan 53 (31, 1) : il est question de l'Afghanistan page 53 au premier paragraphe daté 31.

———————

———

1. L'index des personnes citées commence p. 239.

INDEX DES PERSONNES CITÉES[1]

---

1. La manière d'utiliser l'index est expliquée p. 219.

DU MÊME AUTEUR

Dans la collection Folio Actuel

L'ANNÉE 1986 DANS *LE MONDE* Gallimard/Le Monde

L'ANNÉE 1987 DANS *LE MONDE* Gallimard/Le Monde

L'ANNÉE 1988 DANS *LE MONDE* Gallimard/Le Monde

L'ANNÉE 1989 DANS *LE MONDE* Gallimard/Le Monde

L'ANNÉE 1990 DANS *LE MONDE* Gallimard/Le Monde

Impression Bussière à Saint-Amand (Cher),
Le 15 janvier 1992.
Dépôt légal : janvier 1992.
Numéro d'imprimeur : 3354.
ISBN 2-07-032669-1./Imprimé en France.

55234